한 권으로 끝내는 일본어 초급 문법노트

와카메 센세 지음

동양북스

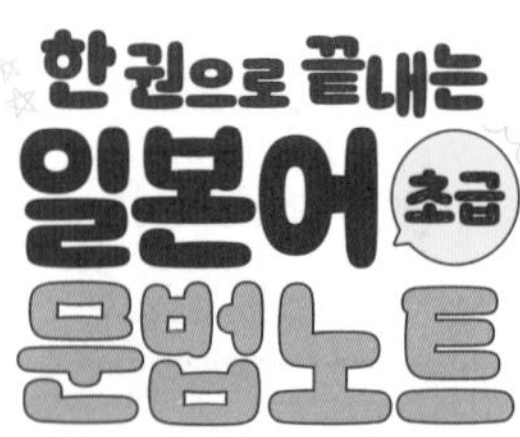

초판 1쇄 발행 | 2024년 11월 13일
초판 2쇄 발행 | 2024년 12월 10일

지은이 | 와카메 센세
발행인 | 김태웅
기획편집 | 길혜진
디자인 | 남은혜, 김지혜
마케팅 총괄 | 김철영
제작 | 현대순

발행처 | (주)동양북스
등 록 | 제2014-000055호
주 소 | 서울시 마포구 동교로22길 14 (04030)
구입 문의 | 전화 (02)337-1737 팩스 (02)334-6624
내용 문의 | 전화 (02)337-1762 dybooks2@gmail.com

ISBN 979-11-7210-892-2 13730

▶ (주)동양북스에서는 소중한 원고, 새로운 기획을 기다리고 있습니다.
http://www.dongyangbooks.com

머리말

학교에서 일본어를 가르치고 싶었던 와카메.
일본어 교사가 되기만을 바라며 모든 것을 참고 공부만 했어요.
4년의 긴 수험생활을 끝내고 문득 거울을 봤을 땐
통장 잔고 0원. 직업도 없이 홀어머니 고생만 시키는 못난 딸만이 있었죠.

노트북을 켜고 인터넷에 '안 아프게 죽는 법'을 검색했습니다.
순간, '안 아프게'를 고민했다는 사실이 어처구니 없었습니다.
그 순간 알았죠. 누구보다 절실히 살고 싶은 사람이라는 것을요.

그때 결심했습니다.
지방대학 출신, 돈도 없는 사람이 일본어 하나만으로 어떻게 성공하는지 꼭 보여주겠다!
열심히 공부한 일본어를 누구나 알기 쉽게 꼭 책으로 낼 것이다!

이렇게 〈한 권으로 끝내는 일본어 초급 문법노트〉는 임용고시를 준비하면서 다져 놓았던 체계적인 일본어 이론과 일본어 강사로 일하며 직접 설명해온 가장 쉬운 일본어 노하우가 합쳐진 세상 유일한 책이라고 할 수 있습니다.

문법은 딱딱하고 지루해서 마지막 장까지 보기가 쉽지 않은 것을 잘 압니다. 하지만 일본어를 가장 빨리 잘하게 되는 지름길은 바로 '문법'입니다.

단맛만 쫓다 보면 물리기 마련입니다. 신맛, 짠맛, 쓴맛도 알아야 새콤달콤, 단짠단짠, 달콤쌉쌀한 맛을 깨닫고 미각이 더욱 풍부해지게 될 겁니다. 여러분에게 일본어 문법이 무슨 맛일지 모르지만(단맛은 아닐 테지요), 일본어 실력이 풍부해지길 바라는 마음으로 달콤함을 첨가한 문법 강의를 이 한 권에 정성껏 담았습니다.

부디 센세의 진심이, 일본어를 잘하고 싶은 여러분의 간절함에 닿길 바랍니다.

☆ 와카메 센세 올림

이 책의 구성과 특징

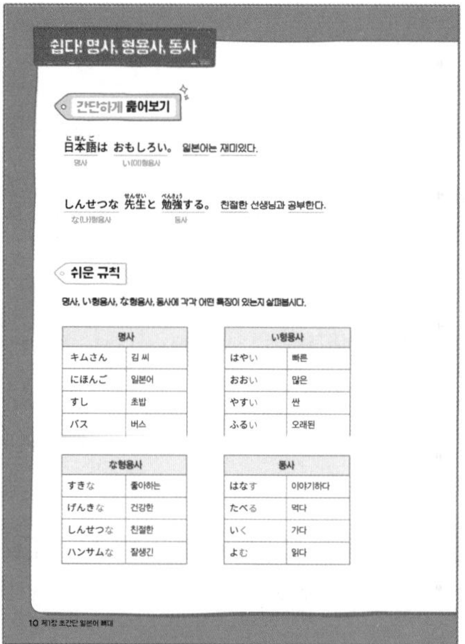

쉽다! 명사, 형용사, 동사

간단하게 훑어보기

日本語は おもしろい。 일본어는 재미있다.
명사 い(이)형용사

しんせつな 先生と 勉強する。 친절한 선생님과 공부한다.
な(나)형용사 동사

쉬운 규칙

명사, い형용사, な형용사, 동사에 각각 어떤 특징이 있는지 살펴봅시다.

명사	
キムさん	김 씨
にほんご	일본어
すし	초밥
バス	버스

い형용사	
はやい	빠른
おおい	많은
やすい	싼
ふるい	오래된

な형용사	
すきな	좋아하는
げんきな	건강한
しんせつな	친절한
ハンサムな	잘생긴

동사	
はなす	이야기하다
たべる	먹다
いく	가다
よむ	읽다

10 제1장 초간단 일본어 뼈대

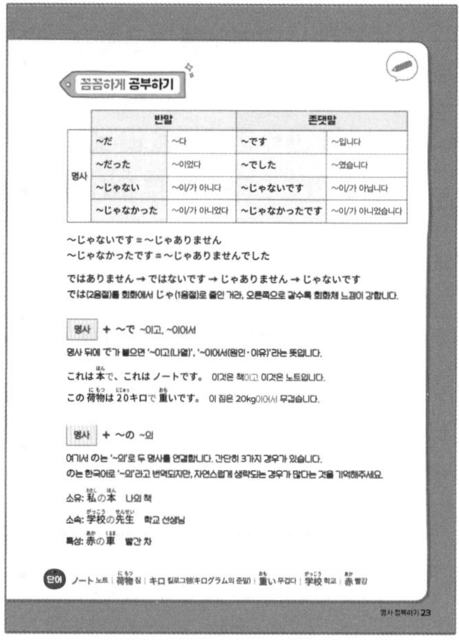

꼼꼼하게 공부하기

	반말		존댓말	
명사	~だ	~다	~です	~입니다
	~だった	~이었다	~でした	~였습니다
	~じゃない	~이/가 아니다	~じゃないです	~이/가 아닙니다
	~じゃなかった	~이/가 아니었다	~じゃなかったです	~이/가 아니었습니다

~じゃないです = ~じゃありません
~じゃなかったです = ~じゃありませんでした

ではありません → ではないです → じゃありません → じゃないです
では(2음절)를 회화에서 じゃ(1음절)로 줄인 거라, 오른쪽으로 갈수록 회화체 느낌이 강합니다.

명사 + ~で ~이고, ~이어서

명사 뒤에 で가 붙으면 '~이고(나열)', '~이어서(원인·이유)'라는 뜻입니다.

これは本で、これはノートです。 이것은 책이고 이것은 노트입니다.
この荷物は20キロで重いです。 이 짐은 20kg이어서 무겁습니다.

명사 + ~の ~의

여기서 の는 '~의'로 두 명사를 연결합니다. 간단히 3가지 경우가 있습니다.
の는 한국어로 '~의'라고 번역되지만, 자연스럽게 생략되는 경우가 많다는 것을 기억해주세요.

소유: 私の本 나의 책
소속: 学校の先生 학교 선생님
특성: 赤の車 빨간 차

단어 ノート 노트 | 荷物 짐 | キロ 킬로그램(キログラム의 준말) | 重い 무겁다 | 学校 학교 | 赤 빨강

명사 정복하기 23

간단하게 훑어보기

이번에 배울 문법을 간단히 요약해서 훑어봅니다. 나중에 기억나지 않을 때 여기만 바로 찾아서 확인할 수 있습니다.

꼼꼼하게 훑어보기

간단하게 훑어본 문법 내용을 좀 더 자세하게 배웁니다.

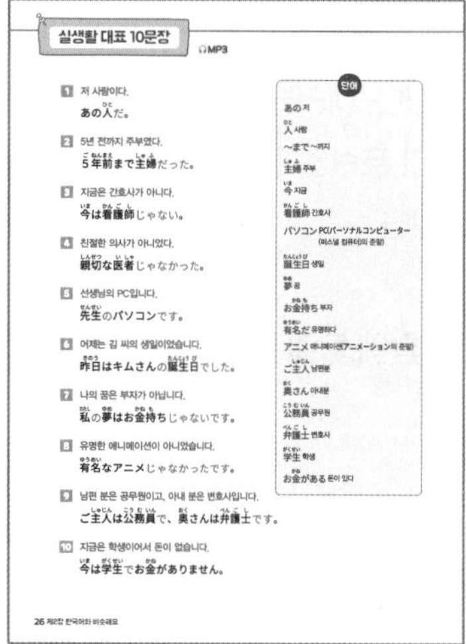

실생활 대표 10문장 MP3

1 저 사람이다.
あの人だ。

2 5년 전까지 주부였다.
5年前まで主婦だった。

3 지금은 간호사가 아니다.
今は看護師じゃない。

4 친절한 의사가 아니었다.
親切な医者じゃなかった。

5 선생님의 PC입니다.
先生のパソコンです。

6 어제는 김 씨의 생일이었습니다.
昨日はキムさんの誕生日でした。

7 나의 꿈은 부자가 아닙니다.
私の夢はお金持ちじゃないです。

8 유명한 애니메이션이 아니었습니다.
有名なアニメじゃなかったです。

9 남편 분은 공무원이고, 아내 분은 변호사입니다.
ご主人は公務員で、奥さんは弁護士です。

10 지금은 학생이어서 돈이 없습니다.
今は学生でお金がありません。

단어
あの 저
人 사람
~まで ~까지
主婦 주부
今 지금
看護師 간호사
パソコン PC(パーソナルコンピューター(퍼스널 컴퓨터)의 준말)
誕生日 생일
夢 꿈
お金持ち 부자
有名だ 유명하다
アニメ 애니메이션(アニメーション의 준말)
ご主人 남편분
奥さん 아내분
公務員 공무원
弁護士 변호사
学生 학생
お金がある 돈이 있다

26 제2장 한국어와 비슷해요

실생활 대표 10문장

이번에 배우는 문법을 활용하여 만든 대표 문장 10개를 배웁니다. 원어민 MP3 음원을 듣고 따라 읽어볼 수 있습니다.

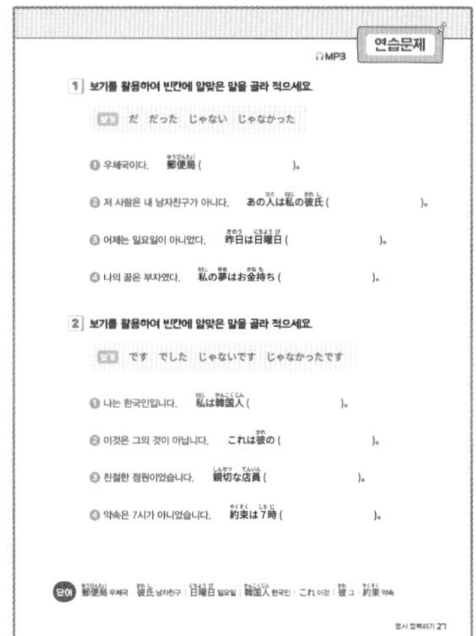

연습문제
1 보기를 활용하여 빈칸에 알맞은 말을 골라 적으세요.
2 보기를 활용하여 빈칸에 알맞은 말을 골라 적으세요.

연습문제, 활용 연습문제

학습한 내용을 연습문제를 통해 내 것으로 만듭니다. 정답은 표지 QR코드로 확인할 수 있습니다.

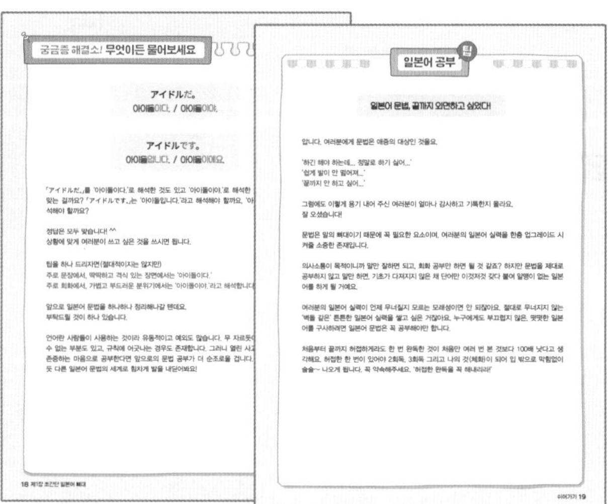

궁금증 해결소! 무엇이든 물어보세요
アイドルだ。
아이돌이다. / 아이돌이야.
アイドルです。
아이돌입니다. / 아이돌이에요.
일본어 공부
일본어 문법, 끝까지 외면하고 싶었다!

쉬어가기

궁금증 해결소, 일본어 공부 팁

정석으로 배운 적 없지만 궁금했던 것들! 와카메 센세가 수업하면서 실제로 많이 받았던 질문들을 소개하고, 속시원히 대답해드립니다.

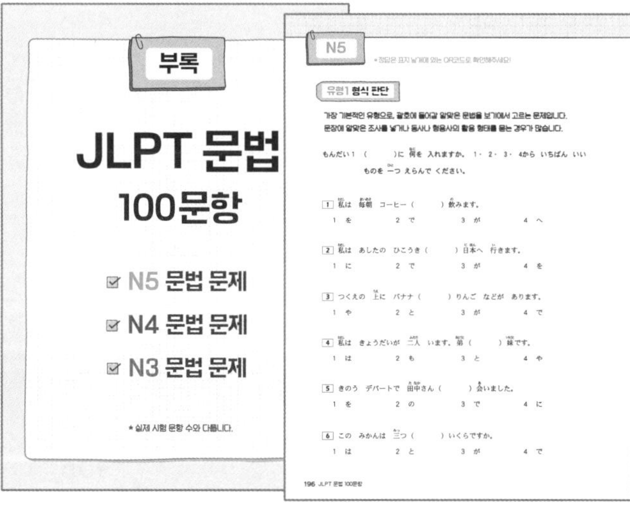

JLPT 문법 100문항

일본어 학습자라면 최고의 부록! 책에서 배운 내용을 토대로 JLPT N3 문법 30문항, N4 문법 35문항, N5 문법 35문항을 풀어볼 수 있습니다. 자신의 레벨 수준도 테스트 해볼 수 있습니다. 정답은 표지 QR코드로 확인할 수 있습니다.

차례

제5장 디테일의 끝판왕, 조사

제6장 네이티브로 향하는 동사 2단계

제7장 네이티브로 향하는 동사 3단계

제8장 뼛속까지 네이티브 되기

부록 JLPT 문법 100문항

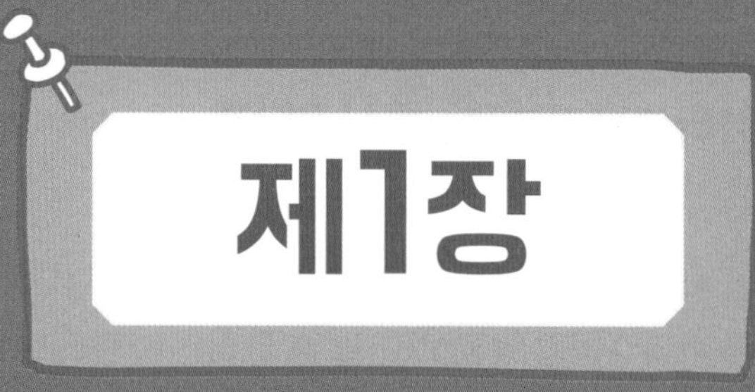
제1장

초간단 일본어 뼈대

· 쉽다! 명사, 형용사, 동사

· 반말&존댓말 한눈에 보기

쉽다! 명사, 형용사, 동사

간단하게 훑어보기

日本語(にほんご)は おもしろい。 일본어는 재미있다.

명사 / い(이)형용사

しんせつな 先生(せんせい)と 勉強(べんきょう)する。 친절한 선생님과 공부한다.

な(나)형용사 / 동사

쉬운 규칙

명사, い형용사, な형용사, 동사에 각각 어떤 특징이 있는지 살펴봅시다.

명사	
キムさん	김 씨
にほんご	일본어
すし	초밥
バス	버스

い형용사	
はやい	빠른
おおい	많은
やすい	싼
ふるい	오래된

な형용사	
すきな	좋아하는
げんきな	건강한
しんせつな	친절한
ハンサムな	잘생긴

동사	
はなす	이야기하다
たべる	먹다
いく	가다
よむ	읽다

꼼꼼하게 훑어보기

일본어 문장은 크게 명사, 형용사, 동사로 이루어져 있습니다. 그 밖에 부사, 조사, 접속사 등도 있지만 문장의 뼈대가 되는 핵심 3가지를 먼저 배워보겠습니다.

명사 にほんご 일본어

명사는 사물, 사람, 장소 등의 이름을 나타내는 말이에요. 「にほんごは(일본어는)」처럼 명사 뒤에 조사가 붙습니다.

い형용사

おいしい りんご　맛있는 사과
おいしい。　맛있다.

な형용사

しんせつな せんせい　친절한 선생님
しんせつだ。　친절하다.

형용사는 명사를 꾸며주거나, 상태나 성질을 설명하는 역할을 해요. 일본어 형용사는 크게 두 가지로, い(이)로 끝나는 い형용사와 な(나)로 끝나는 な형용사가 있습니다.
い형용사는 「おいしい」라고 했을 때 '맛있다'라는 뜻으로 문장이 끝날 수도 있지만, 뒤에 바로 명사를 붙여 '맛있는'으로 꾸밀 수도 있습니다. な형용사는 문장이 끝날 때는 だ의 형태를 띠고, 뒤에 명사가 올 때는 な의 형태를 띕니다. 「ーな＋명사」라서 'な형용사'라고 불리게 되었습니다.

동사 たべる 먹다

동사는 '먹다, 마시다, 있다' 등 사람이나 사물의 움직임 또는 작용을 나타내는 말입니다.
마지막 글자가 'ㅜ' 발음이 나는 う단이라는 게 특징입니다. 일본어 동사는 1그룹 동사, 2그룹 동사, 3그룹(불규칙) 동사로 나누어지고 이 그룹에 따라 부정형, 과거형, 가정형 등 형태를 바꾸는 방법이 달라집니다. 뒤에서 자세히 배울 테니 지금은 '동사를 세 그룹으로 나누는구나' 정도만 알아두세요.

단어 日本語(にほんご) 일본어 | おいしい 맛있다 | りんご 사과 | 親切(しんせつ)だ 친절하다 | 先生(せんせい) 선생님 | たべる 먹다

실생활 대표 10문장

MP3

1 맛있는 사과

おいしい りんご

2 사과가 맛있다.

りんごが おいしい。

3 친절한 선생님

親切(しんせつ)な 先生(せんせい)

4 선생님은 친절하다.

先生(せんせい)は 親切(しんせつ)だ。

5 초밥을 먹다.

すしを 食(た)べる。

6 일본어를 공부하다.

日本語(にほんご)を 勉強(べんきょう)する。

7 드라마를 보다.

ドラマを 見(み)る。

8 새 스마트폰

新(あたら)しい スマホ

9 방은 깨끗하다.

部屋(へや)は きれいだ。

10 일본어는 재미있다.

日本語(にほんご)は おもしろい。

단어

~が ~이/가

~は ~은/는

すし 초밥

~を ~을/를

勉強(べんきょう)する 공부하다

ドラマ 드라마

見(み)る 보다

新(あたら)しい 새롭다

スマホ(スマートホン) 스마트폰

部屋(へや) 방

きれいだ 깨끗하다, 예쁘다

おもしろい 재미있다

연습문제

MP3

1 다음 단어를 명사, い형용사, な형용사, 동사로 각각 분류해 보세요.

단어

おいしい　親切(しんせつ)な　元気(げんき)な　行(い)く　先生(せんせい)

りんご　話(はな)す　すし　新(あたら)しい　スマホ

きれいな　部屋(へや)　好(す)きな　おもしろい　多(おお)い

コンピューター　古(ふる)い　ハンサムな　大(おお)きい

バス　日本語(にほんご)　食(た)べる　安(やす)い

명사

な형용사

단어 元気(げんき)だ 건강하다, 활기차다 | 行(い)く 가다 | 話(はな)す 말하다, 이야기하다 | 多(おお)い 많다 | コンピューター 컴퓨터(computer) | 古(ふる)い 오래되다 | ハンサムだ 잘생기다 | 大(おお)きい 크다 | バス 버스 | 安(やす)い 싸다

반말&존댓말 한눈에 보기

간단하게 공부하기

반말

명사	현재	초밥	이다
	과거		이었다
	현재 부정		이 아니다
	과거 부정		이 아니었다
い형용사	현재	맛있	다
	과거		었다
	현재 부정		지 않다
	과거 부정		지 않았다
な형용사	현재	친절	하다
	과거		했다
	현재 부정		하지 않다
	과거 부정		하지 않았다
동사	현재	먹	다
	과거		었다
	현재 부정		지 않다
	과거 부정		지 않았다

존댓말

명사	현재	초밥	입니다
	과거		이었습니다
	현재 부정		이 아닙니다
	과거 부정		이 아니었습니다
い형용사	현재	맛있	습니다
	과거		었습니다
	현재 부정		지 않습니다
	과거 부정		지 않았습니다
な형용사	현재	친절	합니다
	과거		했습니다
	현재 부정		하지 않습니다
	과거 부정		하지 않았습니다
동사	현재	먹	습니다
	과거		었습니다
	현재 부정		지 않습니다
	과거 부정		지 않았습니다

이번에는 반말과 존댓말을 한눈에 봅시다. 지금은 세세하게 보지 말고 멀리서 숲을 보듯이 큰 틀에서 가볍게 보길 추천합니다. 제2장, 제3장에서 꼼꼼히 공부해 보겠습니다.

반말

명사	현재	すし	だ
	과거		だった
	현재 부정		じゃない
	과거 부정		じゃなかった
い형용사	현재	おいし	い
	과거		かった
	현재 부정		くない
	과거 부정		くなかった
な형용사	현재	しんせつ	だ
	과거		だった
	현재 부정		じゃない
	과거 부정		じゃなかった
동사	현재	たべ	る
	과거		た
	현재 부정		ない
	과거 부정		なかった

존댓말

명사	현재	すし	です
	과거		でした
	현재 부정		じゃないです
	과거 부정		じゃなかったです
い형용사	현재	おいし	いです
	과거		かったです
	현재 부정		くないです
	과거 부정		くなかったです
な형용사	현재	しんせつ	です
	과거		でした
	현재 부정		じゃないです
	과거 부정		じゃなかったです
동사	현재	たべ	ます
	과거		ました
	현재 부정		ません
	과거 부정		ませんでした

실생활 대표 10문장

MP3

1 맛있는 초밥이다.

おいしい すしだ。

2 맛있는 초밥입니다.

おいしい すしです。

3 김 씨는 사장이었다.

キムさんは 社長(しゃちょう)だった。

4 김 씨는 사장이었습니다.

キムさんは 社長(しゃちょう)でした。

5 키가 크다.

背(せ)が 高(たか)い。

6 키가 큽니다.

背(せ)が 高(たか)いです。

7 생선이 신선하다.

魚(さかな)が 新鮮(しんせん)だ。

8 생선이 신선했다.

魚(さかな)が 新鮮(しんせん)だった。

9 초밥을 먹습니다.

すしを 食(た)べます。

10 초밥을 먹지 않습니다.

すしを 食(た)べません。

단어

社長(しゃちょう) 사장

背(せ) 키

背(せ)が高(たか)い 키가 크다

魚(さかな) 생선, 물고기

新鮮(しんせん)だ 신선하다

MP3

1 보기에서 알맞은 단어를 골라 빈칸에 넣으세요.

보기 だ　だった　じゃない　じゃなかった
い　かった　くない　くなかった

① 그녀는 친절하다.　彼女(かのじょ)は 親切(しんせつ) (　　　　)。

② 어제는 바쁘지 않았다.　昨日(きのう)は 忙(いそが)し (　　　　)。

③ 점원은 상냥했다.　店員(てんいん)は やさし (　　　　)。

④ 10년 전, 편의점이었다.　10年前(じゅうねんまえ)、コンビニ (　　　　)。

2 보기에서 알맞은 단어를 골라 빈칸에 넣으세요.

보기 です　でした　じゃないです　じゃなかったです
いです　かったです　くないです　くなかったです

① 그녀는 친절합니다.　彼女(かのじょ)は 親切(しんせつ) (　　　　)。

② 어제는 바쁘지 않았습니다.　昨日(きのう)は 忙(いそが)し (　　　　)。

③ 점원은 상냥했습니다.　店員(てんいん)は やさし (　　　　)。

④ 10년 전, 편의점이었습니다.　10年前(じゅうねんまえ)、コンビニ (　　　　)。

단어 昨日(きのう) 어제 | 忙(いそが)しい 바쁘다 | 店員(てんいん) 점원, 가게 직원 | やさしい 상냥하다 | 前(まえ) 전 |
コンビニ 편의점(コンビニエンスストア의 준말)

궁금증 해결소! 무엇이든 물어보세요

アイドルだ。
아이돌이다. / 아이돌이야.

アイドルです。
아이돌입니다. / 아이돌이에요.

「アイドルだ。」를 '아이돌이다.'로 해석한 것도 있고 '아이돌이야.'로 해석한 것도 있는데 뭐가 맞는 걸까요? 「アイドルです。」는 '아이돌입니다.'라고 해석해야 할까요, '아이돌이에요.'로 해석해야 할까요?

정답은 모두 맞습니다! ^^
상황에 맞게 여러분이 쓰고 싶은 것을 쓰시면 됩니다.

팁을 하나 드리자면(절대적이지는 않지만)
주로 문장에서, 딱딱하고 격식 있는 장면에서는 '아이돌이다.'
주로 회화에서, 가볍고 부드러운 분위기에서는 '아이돌이야.'라고 해석합니다.

앞으로 일본어 문법을 하나하나 정리해나갈 텐데요.
부탁드릴 것이 하나 있습니다.

언어란 사람들이 사용하는 것이라 유동적이고 예외도 많습니다. 무 자르듯이 딱 잘라 설명할 수 없는 부분도 있고, 규칙에 어긋나는 경우도 존재합니다. 그러니 열린 사고방식과 다양성을 존중하는 마음으로 공부한다면 앞으로의 문법 공부가 더 순조로울 겁니다. 한국어와 비슷한 듯 다른 일본어 문법의 세계로 힘차게 발을 내딛어봐요!

일본어 공부 팁

일본어 문법, 끝까지 외면하고 싶었다!

압니다. 여러분에게 문법은 애증의 대상인 것을요.

'하긴 해야 하는데... 정말로 하기 싫어...'
'쉽게 발이 안 떨어져...'
'끝까지 안 하고 싶어...'

그럼에도 이렇게 용기 내어 주신 여러분이 얼마나 감사하고 기특한지 몰라요.
잘 오셨습니다!

문법은 말의 뼈대이기 때문에 꼭 필요한 요소이며, 여러분의 일본어 실력을 한층 업그레이드 시켜줄 소중한 존재입니다.

의사소통이 목적이니까 말만 잘하면 되고, 회화 공부만 하면 될 것 같죠? 하지만 문법을 제대로 공부하지 않고 말만 하면, 기초가 다져지지 않은 채 단어만 이것저것 갖다 붙여 알맹이 없는 일본어를 하게 될 거예요.

여러분의 일본어 실력이 언제 무너질지 모르는 모래성이면 안 되잖아요. 절대로 무너지지 않는 '벽돌 같은' 튼튼한 일본어 실력을 쌓고 싶은 거잖아요. 누구에게도 부끄럽지 않은, 떳떳한 일본어를 구사하려면 일본어 문법은 꼭 공부해야만 합니다.

처음부터 끝까지 허접하게라도 한 번 완독한 것이 처음만 여러 번 본 것보다 100배 낫다고 생각해요. 허접한 한 번이 있어야 2회독, 3회독 그리고 나의 것(체화)이 되어 입 밖으로 막힘없이 술술~ 나오게 됩니다. 꼭 약속해주세요. '허접한 완독을 꼭 해내리라!'

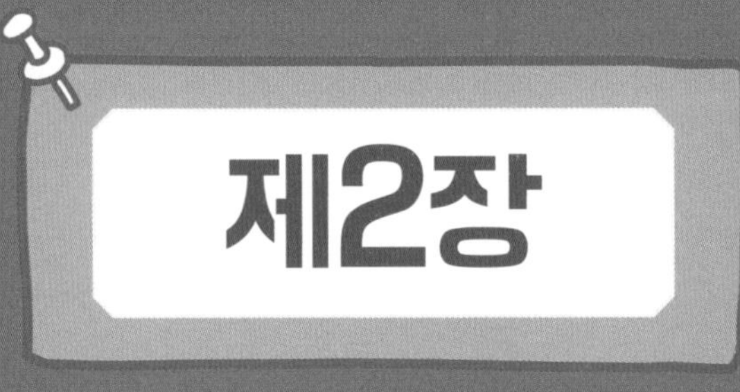

제2장

한국어와 비슷해요

· 명사 정복하기

· い형용사 정복하기

· な형용사 정복하기

명사 정복하기

간단하게 공부하기

명사 활용을 반말, 존댓말로 구분하여 정리해 보았습니다.

반말

현재	~だ
과거	~だった
현재 부정	~じゃない
과거 부정	~じゃなかった

本(ほん)だ 책이다

本だった 책이었다

本じゃない 책이 아니다

本じゃなかった 책이 아니었다

존댓말

현재	~です
과거	~でした
현재 부정	~じゃないです
과거 부정	~じゃなかったです

本です 책입니다

本でした 책이었습니다

本じゃないです 책이 아닙니다

本じゃなかったです 책이 아니었습니다

그 외

연결형	~で
명사 수식형	~の

本で 책이고, 이어서

本の 内容(ないよう) 책의 내용

단어 本(ほん) 책 | 内容(ないよう) 내용

꼼꼼하게 공부하기

	반말		존댓말	
명사	~だ	~다	~です	~입니다
	~だった	~이었다	~でした	~였습니다
	~じゃない	~이/가 아니다	~じゃないです	~이/가 아닙니다
	~じゃなかった	~이/가 아니었다	~じゃなかったです	~이/가 아니었습니다

~じゃないです = ~じゃありません
~じゃなかったです = ~じゃありませんでした

ではありません → ではないです → じゃありません → じゃないです
では(2음절)를 회화에서 じゃ(1음절)로 줄인 거라, 오른쪽으로 갈수록 회화체 느낌이 강합니다.

명사 + ~で ~이고, ~이어서

명사 뒤에 で가 붙으면 '~이고(나열)', '~이어서(원인·이유)'라는 뜻입니다.

これは本(ほん)で、これはノートです。 이것은 책이고 이것은 노트입니다.

この荷物(にもつ)は20(にじゅっ)キロで重(おも)いです。 이 짐은 20kg이어서 무겁습니다.

명사 + ~の ~의

여기서 の는 '~의'로 두 명사를 연결합니다. 간단히 3가지 경우가 있습니다.
の는 한국어로 '~의'라고 번역되지만, 자연스럽게 생략되는 경우가 많다는 것을 기억해주세요.

소유: 私(わたし)の本(ほん) 나의 책

소속: 学校(がっこう)の先生(せんせい) 학교 선생님

특성: 赤(あか)の車(くるま) 빨간 차

단어 ノート 노트 | 荷物(にもつ) 짐 | キロ 킬로그램(キログラム의 준말) | 重(おも)い 무겁다 | 学校(がっこう) 학교 | 赤(あか) 빨강

활용 연습문제

1 빈칸을 일본어로 완성해 보세요.

편의점이다	コンビニだ
편의점이었다	
편의점이 아니다	
편의점이 아니었다	
편의점입니다	
편의점이었습니다	
편의점이 아닙니다	
편의점이 아니었습니다	
편의점이고, 편의점이어서	
편의점(의) 라멘	

나다	私(わたし)だ
나였다	
내가 아니다	
내가 아니었다	
저입니다	
저였습니다	
제가 아닙니다	
제가 아니었습니다	
나이고, 나여서	
나의 가방	

단어 ラーメン 라멘 | 私(わたし) 나 | かばん 가방

의사이다	医者(いしゃ)だ
의사였다	
의사가 아니다	
의사가 아니었다	
의사입니다	
의사였습니다	
의사가 아닙니다	
의사가 아니었습니다	
의사이고, 의사여서	
의사의 방	

꽃이다	花(はな)だ
꽃이었다	
꽃이 아니다	
꽃이 아니었다	
꽃입니다	
꽃이었습니다	
꽃이 아닙니다	
꽃이 아니었습니다	
꽃이고, 꽃이여서	
꽃(의) 이름	

단어 医者(いしゃ) 의사 | 部屋(へや) 방 | 花(はな) 꽃 | 名前(なまえ) 이름

실생활 대표 10문장

MP3

1 저 사람이다.

あの人(ひと)だ。

2 5년 전까지 주부였다.

5年前(ごねんまえ)まで主婦(しゅふ)だった。

3 지금은 간호사가 아니다.

今(いま)は看護師(かんごし)じゃない。

4 친절한 의사가 아니었다.

親切(しんせつ)な医者(いしゃ)じゃなかった。

5 선생님의 PC입니다.

先生(せんせい)のパソコンです。

6 어제는 김 씨의 생일이었습니다.

昨日(きのう)はキムさんの誕生日(たんじょうび)でした。

7 나의 꿈은 부자가 아닙니다.

私(わたし)の夢(ゆめ)はお金持(かねも)ちじゃないです。

8 유명한 애니메이션이 아니었습니다.

有名(ゆうめい)なアニメじゃなかったです。

9 남편 분은 공무원이고, 아내 분은 변호사입니다.

ご主人(しゅじん)は公務員(こうむいん)で、奥(おく)さんは弁護士(べんごし)です。

10 지금은 학생이어서 돈이 없습니다.

今(いま)は学生(がくせい)でお金(かね)がありません。

단어

あの 저

人(ひと) 사람

～まで ~까지

主婦(しゅふ) 주부

今(いま) 지금

看護師(かんごし) 간호사

パソコン PC(パーソナルコンピューター(퍼스널 컴퓨터)의 준말)

誕生日(たんじょうび) 생일

夢(ゆめ) 꿈

お金持(かねも)ち 부자

有名(ゆうめい)だ 유명하다

アニメ 애니메이션(アニメーション의 준말)

ご主人(しゅじん) 남편분

奥(おく)さん 아내분

公務員(こうむいん) 공무원

弁護士(べんごし) 변호사

学生(がくせい) 학생

お金(かね)がある 돈이 있다

연습문제

MP3

1 보기를 활용하여 빈칸에 알맞은 말을 골라 적으세요.

보기 だ　だった　じゃない　じゃなかった

❶ 우체국이다.　郵便局(ゆうびんきょく) (　　　　　　)。

❷ 저 사람은 내 남자친구가 아니다.　あの人(ひと)は私(わたし)の彼氏(かれし) (　　　　　　)。

❸ 어제는 일요일이 아니었다.　昨日(きのう)は日曜日(にちようび) (　　　　　　)。

❹ 나의 꿈은 부자였다.　私(わたし)の夢(ゆめ)はお金持(かねも)ち (　　　　　　)。

2 보기를 활용하여 빈칸에 알맞은 말을 골라 적으세요.

보기 です　でした　じゃないです　じゃなかったです

❶ 나는 한국인입니다.　私(わたし)は韓国人(かんこくじん) (　　　　　　)。

❷ 이것은 그의 것이 아닙니다.　これは彼(かれ)の (　　　　　　)。

❸ 친절한 점원이었습니다.　親切(しんせつ)な店員(てんいん) (　　　　　　)。

❹ 약속은 7시가 아니었습니다.　約束(やくそく)は7時(しちじ) (　　　　　　)。

단어 郵便局(ゆうびんきょく) 우체국 | 彼氏(かれし) 남자친구 | 日曜日(にちようび) 일요일 | 韓国人(かんこくじん) 한국인 | これ 이것 | 彼(かれ) 그 | 約束(やくそく) 약속

い형용사 정복하기

간단하게 공부하기

일본어 형용사는 い(이)로 끝나는 い형용사와 な(나)로 끝나는 な형용사가 있습니다.
우선 い형용사부터 배워봅시다. い형용사 활용을 반말, 존댓말로 구분하여 정리해 보았습니다.

반말

현재	~い	おもしろい 재미있다
과거	~かった	おもしろかった 재밌었다
현재 부정	~くない	おもしろくない 재밌지 않다
과거 부정	~くなかった	おもしろくなかった 재밌지 않았다

존댓말

현재	~いです	おもしろいです 재미있습니다
과거	~かったです	おもしろかったです 재밌었습니다
현재 부정	~くないです	おもしろくないです 재밌지 않습니다
과거 부정	~くなかったです	おもしろくなかったです 재밌지 않았습니다

그 외

연결형	~くて	おもしろくて 재밌고, 재밌어서
부사형	~く	おもしろく 재미있게
명사 수식형	~い + 명사	おもしろい人(ひと) 재밌는 사람

꼼꼼하게 공부하기

	반말		존댓말	
い형용사	**~い**	~하다	**~いです**	~합니다
	~かった	~했다	**~かったです**	~했습니다
	~くない	~하지 않다	**~くないです**	~하지 않습니다
	~くなかった	~하지 않았다	**~くなかったです**	~하지 않았습니다

존댓말 과거형은 い형용사 + でした가 아니라 い형용사 + かったです입니다.

~くないです = ~くありません
~くなかったです = ~くありませんでした
오른쪽이 더 딱딱한 느낌으로, 문장에서 많이 씁니다.

い형용사 + ~くて ~하고, ~해서

い형용사 뒤에 くて가 붙으면 '~하고(나열)', '~해서(원인·이유)'라는 뜻입니다.

キムさんは おもしろくて親切です。 김 씨는 재밌고 친절합니다.

キムさんは おもしろくて人気がある。 김 씨는 재밌어서 인기가 있다.

い형용사 +
~く ~하게
~い + 명사 ~하는

い형용사 뒤에 동사가 올 때는 く를 붙여서 '~하게 ~하다'라는 뜻으로 쓰고, い형용사 뒤에 명사가 올 때는 따로 변형 없이 바로 붙여 사용할 수 있습니다.

ラーメンを おいしく食べた。 라멘을 맛있게 먹었다.

おいしいラーメンを食べた。 맛있는 라멘을 먹었다.

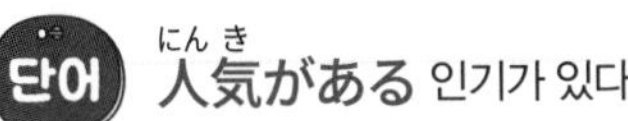

人気がある 인기가 있다

활용 연습문제

1 빈칸을 일본어로 완성해 보세요.

비싸다	高(たか)い
비쌌다	
비싸지 않다	
비싸지 않았다	
비쌉니다	
비쌌습니다	
비싸지 않습니다	
비싸지 않았습니다	
비싸고, 비싸서	
비싸게	
비싼 휴대폰	

가깝다	近(ちか)い
가까웠다	
가깝지 않다	
가깝지 않았다	
가깝습니다	
가까웠습니다	
가깝지 않습니다	
가깝지 않았습니다	
가깝고, 가까워서	
가깝게	
가까운 역	

단어 高(たか)い 비싸다, 높다 | 携帯(けいたい) 휴대폰 | 近(ちか)い 가깝다 | 駅(えき) 역

빨갛다	赤い(あか)
빨갰다	
빨갛지 않다	
빨갛지 않았다	
빨갛습니다	
빨갰습니다	
빨갛지 않습니다	
빨갛지 않았습니다	
빨갛고, 빨개서	
빨갛게	
빨간 연필	

좋다, 괜찮다	いい/よい
좋았다	
좋지 않다	いくない(X)　よくない(O)
좋지 않았다	
좋습니다	いいです/よいです
좋았습니다	
좋지 않습니다	
좋지 않았습니다	
좋고, 좋아서	
좋게, 잘	
좋은 날씨	

▶ いい는 형태가 바뀔 때 그대로 사용할 수 없어요. 「いいです」처럼 마지막에 ~い의 형태 그대로 「です」가 바로 접속한 경우에는 쓸 수 있지만, いくない처럼 형태가 바뀐 경우에는 いい를 「よい」로 바꿔 써야 합니다.

단어 赤い(あか) 빨갛다 | 鉛筆(えんぴつ) 연필 | 天気(てんき) 날씨

실생활 대표 10문장

MP3

1 이 라멘집 맛있다.

このラーメン屋(や)おいしい。

2 역에서 가깝다.

駅(えき)から近(ちか)い。

3 오늘은 춥지 않다.

今日(きょう)は寒(さむ)くない。

4 저 레스토랑은 비싸지 않았다.

あのレストランは高(たか)くなかった。

5 키가 큽니다.

背(せ)が高(たか)いです。

6 영화는 재밌었습니다.

映画(えいが)は面白(おもしろ)かったです。

7 이 김치는 맵지 않습니다.

このキムチは辛(から)くないです。

8 가게는 넓지 않았습니다.

店(みせ)は広(ひろ)くなかったです。

9 배가 아파서 화장실에 갔습니다.

お腹(なか)が痛(いた)くてトイレに行(い)きました。

10 그녀의 얼굴은 빨갛게 되었습니다.

彼女(かのじょ)の顔(かお)は赤(あか)くなりました。

단어

- ラーメン屋(や) 라멘집, 라멘가게
- ～から ~부터, ~에서
- 今日(きょう) 오늘
- 寒(さむ)い 춥다
- レストラン 레스토랑
- 映画(えいが) 영화
- キムチ 김치
- 辛(から)い 맵다
- 店(みせ) 가게
- 広(ひろ)い 넓다
- お腹(なか)が痛(いた)い 배가 아프다
- トイレ 화장실(toilet)
- ～に行(い)く ~에 가다
- 彼女(かのじょ) 그녀
- 顔(かお) 얼굴

연습문제

MP3

1 보기를 활용하여 빈칸에 알맞은 말을 골라 적으세요.

보기 い　かった　くない　くなかった

1 일본어는 재미있다.　日本語(にほんご)はおもしろ (　　　　　　　　)。

2 키가 크지 않다.　背(せ)が高(たか) (　　　　　　　　)。

3 어제는 추웠다.　昨日(きのう)は寒(さむ) (　　　　　　　　)。

4 역에서 가깝지 않았다.　駅(えき)から近(ちか) (　　　　　　　　)。

2 보기를 활용하여 빈칸에 알맞은 말을 골라 적으세요.

보기 いです　かったです　くないです　くなかったです

1 이 김치는 맵습니다.　このキムチは辛(から) (　　　　　　　　)。

2 영화는 재밌지 않았습니다.　映画(えいが)はおもしろ (　　　　　　　　)。

3 가게는 넓었습니다.　店(みせ)は広(ひろ) (　　　　　　　　)。

4 그녀의 얼굴은 빨갛지 않습니다.　彼女(かのじょ)の顔(かお)は赤(あか) (　　　　　　　　)。

な형용사 정복하기

간단하게 공부하기

이번에는 な형용사를 배워봅시다. な형용사 활용을 반말, 존댓말로 구분하여 정리해 보았습니다.

반말

현재	~だ
과거	~だった
현재 부정	~じゃない
과거 부정	~じゃなかった

親切だ(しんせつ) 친절하다

親切だった 친절했다

親切じゃない 친절하지 않다

親切じゃなかった 친절하지 않았다

존댓말

현재	~です
과거	~でした
현재 부정	~じゃないです
과거 부정	~じゃなかったです

親切です 친절합니다

親切でした 친절했습니다

親切じゃないです 친절하지 않습니다

親切じゃなかったです 친절하지 않았습니다

그 외

연결형	~で
부사형	~に
명사 수식형	~な + 명사

親切で 친절하고, 친절해서

親切に 친절하게

親切な人(ひと) 친절한 사람

な형용사 vs だ형용사 "だ로 끝났으니 'だ형용사'가 아닌가요?"

형용사는 뒤의 명사를 꾸며주는 역할을 합니다. 뒤에 명사가 올 때 어떤 형태인지 생각해 보세요. 「親切な先生」처럼 뒤에 명사가 올 때는 な의 형태를 취합니다. 문장이 끝날 때 「親切だ(친절하다)」처럼 だ의 형태를 취하기 때문에 'だ형용동사'라고도 말합니다. 따라서 だ형용사는 맞지 않는 말입니다!

꼼꼼하게 공부하기

	반말		존댓말	
な형용사	~だ	~하다	~です	~합니다
	~だった	~했다	~でした	~했습니다
	~じゃない	~하지 않다	~じゃないです	~하지 않습니다
	~じゃなかった	~하지 않았다	~じゃなかったです	~하지 않았습니다

아주 간혹 존댓말 과거형을 だったです로 쓰기도 하지만, 자연스러운 표현이 아닙니다. 「だった」는 과거 형태를 나타내며, 「です」와 함께 쓰이지 않거든요. 따라서 명사+だったです, な형용사+だったです는 쓰지 않는 것이 좋습니다.

일본인이 일반적으로 많이 사용하는 「~でした」로 알아둡시다!

じゃないです = じゃありません

じゃなかったです = じゃありませんでした

오른쪽이 더 딱딱한 느낌으로, 문장에서 많이 씁니다.

な형용사	+	~で ~하고, ~해서 ~に ~하게 ~な + 명사 ~한

な형용사 뒤에 で가 붙으면 '~하고(나열)', '~해서(원인 · 이유)'라는 뜻입니다.

な형용사 뒤에 동사가 올 때는 に, 명사가 올 때는 な를 붙입니다.

キムさんは親切(しんせつ)でおもしろいです。 김 씨는 친절하고 재밌습니다.

キムさんは親切(しんせつ)で人気(にんき)がある。 김 씨는 친절해서 인기가 있다.

元気(げんき)に育(そだ)つ。 건강하게 자라다.

元気(げんき)な人(ひと)が好(す)きだ。 활기있는 사람을 좋아한다.

단어 育(そだ)つ 자라다 | ~が好(す)きだ ~을/를 좋아하다

활용 연습문제

1 빈칸을 일본어로 완성해 보세요.

간단하다	簡単(かんたん)だ
간단했다	
간단하지 않다	
간단하지 않았다	
간단합니다	
간단했습니다	
간단하지 않습니다	
간단하지 않았습니다	
간단하고, 간단해서	
간단하게	
간단한 문제	

조용하다	静(しず)かだ
조용했다	
조용하지 않다	
조용하지 않았다	
조용합니다	
조용했습니다	
조용하지 않습니다	
조용하지 않았습니다	
조용하고, 조용해서	
조용하게	
조용한 교실	

단어 簡単(かんたん)だ 간단하다 | 問題(もんだい) 문제 | 静(しず)かだ 조용하다 | 教室(きょうしつ) 교실

예쁘다, 깨끗하다	きれいだ
예뻤다	
예쁘지 않다	
예쁘지 않았다	
예쁩니다	
예뻤습니다	
예쁘지 않습니다	
예쁘지 않았습니다	
예쁘고, 예뻐서	
예쁘게	
예쁜 그녀	

좋아하다	好(す)きだ
좋아했다	
좋아하지 않는다	
좋아하지 않았다	
좋아합니다	
좋아했습니다	
좋아하지 않습니다	
좋아하지 않았습니다	
좋고, 좋아서	
좋아하게	
좋아하는 사람	

단어 きれいだ 예쁘다, 깨끗하다 | 彼女(かのじょ) 그녀 | 好(す)きだ 좋아하다 | 人(ひと) 사람

실생활 대표 10문장

MP3

1 그는 성실하다.

彼(かれ)はまじめだ。

2 밖은 위험했다.

外(そと)は危険(きけん)だった。

3 화장을 해도 예쁘지 않다.

化粧(けしょう)をしてもきれいじゃない。

4 건강하지 않았다.

元気(げんき)じゃなかった。

5 미역국을 매우 좋아합니다.

わかめスープが大好(だいす)きです。

6 교통은 편리했습니다.

交通(こうつう)は便利(べんり)でした。

7 테스트는 간단하지 않습니다.

テストは簡単(かんたん)じゃないです。

8 그 가게는 유명하지 않았습니다.

その店(みせ)は有名(ゆうめい)じゃなかったです。

9 조용하고 깨끗한 방이군요.

静(しず)かできれいな部屋(へや)ですね。

10 교실에서는 조용히 해주세요.

教室(きょうしつ)では静(しず)かにしてください。

단어

真面目(まじめ)だ 성실하다

外(そと) 밖

危険(きけん)だ 위험하다

化粧(けしょう)をする 화장을 하다

しても 해도

わかめスープ 미역국

~が大好きだ ~을/를 매우 좋아하다 (~を大好きだ x)

交通(こうつう) 교통

便利(べんり)だ 편리하다

テスト 테스트(test)

その 그

~では ~에서는

してください 해주세요

1 보기를 활용하여 빈칸에 알맞은 말을 골라 적으세요.

보기 だ　だった　じゃない　じゃなかった

❶ 그 나라는 위험했다.　その国(くに)は危険(きけん) (　　　　　　　　)。

❷ 가족은 소중하다.　家族(かぞく)は大切(たいせつ) (　　　　　　　　)。

❸ 그는 성실하지 않다.　彼(かれ)はまじめ (　　　　　　　　)。

❹ 초등학생 때는 예쁘지 않았다.　小学生(しょうがくせい)の時(とき)はきれい (　　　　　　　　)。

2 보기를 활용하여 빈칸에 알맞은 말을 골라 적으세요.

보기 です　でした　じゃないです　じゃなかったです

❶ 저 가게는 유명합니다.　あの店(みせ)は有名(ゆうめい) (　　　　　　　　)。

❷ 선생님은 미역국을 좋아했습니다.

先生(せんせい)はわかめスープが好(す)き (　　　　　　　　)。

❸ 이 방은 깨끗하지 않습니다.　この部屋(へや)はきれい (　　　　　　　　)。

❹ 테스트는 간단하지 않았습니다.　テストは簡単(かんたん) (　　　　　　　　)。

단어 国(くに) 나라 | 家族(かぞく) 가족 | 大切(たいせつ)だ 소중하다 | 小学生(しょうがくせい) 초등학생 | 時(とき) 때

궁금증 해결소! 무엇이든 물어보세요

일본어는 왜 띄어쓰기를 안 하죠?

일본어를 공부하는 누구나 처음에 궁금해하는 이것!

"왜 띄어쓰기를 안 하는 걸까?"

점점 공부하다 보면 띄어쓰기를 안 해도 된다는 사실을 알게 됩니다.
띄어쓰기의 기능을 누군가 대신하고 있기 때문이죠.

아빠가방에들어간다.
ちちがへやにはいる。
父が部屋に入る。

한국어는 띄어쓰기를 하지 않으면 의미가 바로 명확히 전달되지 않고 가끔 오해가 생기기도 합니다. 물론 일본어도 히라가나로만 되어 있으면 무슨 말인지 바로 읽히지 않아서 상당히 피곤하죠.

하지만 보통 일본어는 마지막 문장처럼 '한자'와 함께 표기되어 있습니다. 한자가 바로 눈에 들어오니까 굳이 띄어 쓰지 않아도 쉽게 읽힙니다. 한자 뒤에 조사(조동사)가 바로 보이니까, '한자 앞뒤 조사와 조동사를 기점으로 끊어 읽으면 되겠구나'라는 판단이 서는 것이지요.

띄어쓰기 없는 일본어가 처음엔 생소하고 낯설 거예요. 하지만 점차 한자에 익숙해지고 실력이 쌓일수록 어느새 띄어쓰기 없는 것이 편하게 느껴진답니다!

일본어 공부 팁

일본어 공부, 앞으로 얼마나 더 투자해야 할까요?

(여러분의 환경과 요건, 언어 습득능력에 따라 다를 수 있어 절대적인 기준은 아니라는 점 참고해주세요!)

일본어를 비롯한 외국어 공부를 시작하는 누구라도 갖게 되는 고민이자 의문입니다.

"앞으로 얼마나 더 투자해야 일본어 좀 한다는 소리 들을 수 있을까?"
"도대체 이 공부를 얼마나 더 해야 잘하게 될까?"

일본어 초급 과정까지 하고 싶다면 1년 정도, 일본어 중급 과정까지 마스터하고 싶다면 2년 정도로 잡으시면 될 것 같아요. 지금 '2년'이라는 말에 입이 쩍 벌어지고 너무 멀게 느껴지셨나요?

저는 여러분이 일본어를 체계적으로 배워 일본어능력시험 JLPT 자격증도 따고, 어느 정도 일상 회화도 가능한 수준이 되었으면 좋겠어요. 고급 수준까지는 아니어도 중급 정도로 이력서에 한 줄 적을 수 있는 수준, 본인의 생각을 이야기할 수 있는 수준 말이에요.

아래에 6개월 단위로 일본어 학습 마스터 과정을 적어보았어요.
반드시 지킬 필요는 없지만, 이 기간 동안 꾸준히 한다면 전 단계로 돌아갈 일은 절대 없습니다!

제3장

회화의 꽃, 동사

- 동사, 이건 꼭 알고 가요
- 동사의 정중형(ます형) ~합니다
- 동사의 연결형(て형) ~하고, ~해서
- 동사의 과거형(た형) ~했다
- 동사의 부정형(ない형) ~하지 않다

동사, 이건 꼭 알고 가요

간단하게 공부하기

동사 기본형의 특징

たべる	かく	よむ
[teberu]	[kaku]	[yomu]
먹다	쓰다	읽다

동사 분류

1그룹	2그룹	3그룹
2그룹, 3그룹이 아닌 나머지 동사	i + る e + る	2개만 암기하면 끝!
かう 사다 いく 가다 はなす 이야기하다 まつ 기다리다 しぬ 죽다 わかる 알다, 이해하다 등등등	おきる 일어나다 ki + る たべる 먹다 be + る	くる 오다 する 하다

書(か)く 쓰다 | 買(か)う 사다 | 待(ま)つ 기다리다 | 死(し)ぬ 죽다 | 分(わ)かる 알다 | 起(お)きる 일어나다 | 来(く)る 오다

꼼꼼하게 공부하기

우리말의 동사 기본형은 '먹다', '쓰다', '읽다'처럼 마지막에 '~다'가 붙습니다.
일본어 동사 기본형은「たべる」,「かく」,「よむ」처럼 마지막에 う단 글자가 붙습니다.

* う단은 아래 표에서 [u]로 발음되는 う, く, す, つ, ぬ, ふ, む, る입니다.

あ단	あ	か	さ	た	な	は	ま	や	ら	わ	ん
い단	い	き	し	ち	に	ひ	み		り		
う단	う	く	す	つ	ぬ	ふ	む	ゆ	る		
え단	え	け	せ	て	ね	へ	め		れ		
お단	お	こ	そ	と	の	ほ	も	よ	ろ	を	

동사 분류

동사를 왜 굳이 3그룹으로 나눌까요? 동사의 분류에 따라 부정형, 과거형, 가정형 등의 형태를 바꾸는 방법이 다르기 때문입니다. 다양한 활용을 배우는 첫걸음이니 잘 따라와주세요.^^

동사는 3단계 과정으로 분류할 수 있습니다.

1단계
3그룹인가요?
(くる, する)

아니오 ▶

2단계
2그룹
(i+る, e+る)
인가요?

아니오 ▶

3단계
둘 다 아니면
1그룹

예 のむ 마시다

1단계: 3그룹(くる, する)인가요? ⋯▸ 아니오
2단계: 2그룹(i + る, e + る)인가요? ⋯▸ 아니오
3단계: 둘 다 아니면 のむ는 1그룹입니다.

예 たべる 먹다

1단계: 3그룹(くる, する)인가요? ⋯▸ 아니오
2단계: 2그룹(i + る, e + る)인가요? ⋯▸ 예
たべる는 2그룹입니다.

꿀팁

예외 1그룹

생긴 건 2그룹인데 활용할 때는 1그룹 규칙을 따르는 '예외 1그룹 동사'가 있습니다. 한꺼번에 외우지 않아도 보다 보면 점점 익숙해집니다.

帰(かえ)る 돌아가다(돌아오다) 入(はい)る 들어가다(들어오다)
切(き)る 자르다 走(はし)る 달리다 知(し)る 알다 要(い)る 필요하다
減(へ)る 감소하다 滑(すべ)る 미끄러지다

실생활 대표 10문장

MP3

1 도서관에서 책을 읽다.

図書館(としょかん)で本(ほん)を読(よ)む。

2 얼굴을 씻다.

顔(かお)を洗(あら)う。

3 친구를 만나다.

友達(ともだち)に会(あ)う。

4 술을 마시다.

お酒(さけ)を飲(の)む。

5 쇼핑을 하다.

買(か)い物(もの)をする。

6 6시에 집에 돌아가다.

６時(ろくじ)に家(うち)へ帰(かえ)る。

7 이거 먹을래?/ 응, 먹을래.

これ、食(た)べる？/ うん、食(た)べる。

8 내일 약속 있어?

明日(あした)約束(やくそく)ある？

9 새 가방을 살 생각이다.

新(あたら)しいかばんを買(か)うつもりだ。

10 3월 말에 미국에 출장 갈 예정입니다.

３月(さんがつ)の終(お)わりにアメリカへ出張(しゅっちょう)する予定(よてい)です。

단어

- 図書館(としょかん) 도서관
- 本(ほん) 책
- 読(よ)む 읽다
- ～で ~에서
- 洗(あら)う 씻다
- 友達(ともだち) 친구
- ～に会(あ)う ~을/를 만나다(~を会う x)
- お酒(さけ) 술
- 飲(の)む 마시다
- 買(か)い物(もの) 물건을 삼, 쇼핑
- 帰(かえ)る 돌아가다(돌아오다)
- 明日(あした) 내일
- 동사+つもりだ ~할 작정이다, 생각이다
- 終(お)わり 말, 끝
- 시간+に ~에
- アメリカ 미국
- 出張(しゅっちょう)する 출장 가다
- 予定(よてい) 예정

꿀팁

일본어는 미래형이 따로 없고, 현재형이 미래형을 대신합니다. 読む를 '읽다'(현재), '읽을 것이다'(미래)에 모두 쓸 수 있어요. 상황과 문맥에 따라 해석하면 됩니다.

MP3

연습문제

1 다음 동사를 1, 2, 3 그룹으로 분류하세요.

단어

買(か)う	書(か)く	飲(の)む	知(し)る	話(はな)す	待(ま)つ
食(た)べる	行(い)く	持(も)つ	遊(あそ)ぶ	帰(かえ)る	泳(およ)ぐ
見(み)る	寝(ね)る	教(おし)える	洗(あら)う	する	思(おも)う
習(なら)う	聞(き)く	読(よ)む	分(わ)かる	ある	いる

1그룹 동사

2그룹 동사

3그룹 동사

단어 知(し)る 알다, 인지하다 | 持(も)つ 들다, 가지다 | 遊(あそ)ぶ 놀다 | 泳(およ)ぐ 수영하다 | 寝(ね)る 자다 | 教(おし)える 가르치다 | 思(おも)う 생각하다 | 習(なら)う 배우다 | 聞(き)く 듣다 | ある (사물이)있다 | いる (사람, 동물이)있다

동사의 정중형(ます형) ~합니다

간단하게 공부하기

1그룹(나머지 동사)	2그룹(i+る/e+る 동사)	3그룹(암기 동사)
う단 → い단 + ます	る → ます	くる 오다 → きます する 하다 → します

정중형(존댓말) 시제

현재	～ます	食べます 먹습니다
과거	～ました	食べました 먹었습니다
현재 부정	～ません	食べません 먹지 않습니다
과거 부정	～ませんでした	食べませんでした 먹지 않았습니다

ます형 접속 표현

표현	의미	
～ましょう	～합시다	食べましょう 먹읍시다
～ましょうか	～할까요?	食べましょうか 먹을까요?
～ませんか	～하지 않겠습니까?	食べませんか 먹지 않겠습니까?
～たい	～하고 싶다	食べたい 먹고 싶다
～に行(い)く	～하러 가다	食べに行く 먹으러 가다
～ながら	～하면서	食べながら 먹으면서
～すぎる	너무 ～하다	食べすぎる 너무 먹다
～やすい	～하기 쉽다	食べやすい 먹기 쉽다
～にくい	～하기 어렵다	食べにくい 먹기 어렵다
～なさい	～하시오, ～하거라	食べなさい 먹으시오, 먹거라
～方(かた)	～하는 방법	食べ方 먹는 방법

꼼꼼하게 공부하기

정중형은 '~합니다'라는 뜻으로, 존댓말을 말합니다. 그룹 분류에 따라 동사의 ます형이 달라집니다.

1그룹 (나머지 동사)	2그룹 (i+る/e+る 동사)	3그룹 (암기 동사)
う단 → い단 + ます	る → ます	来(く)る 오다 → 来(き)ます する 하다 → します
買(か)う 사다 → 買います 行(い)く 가다 → 行きます 話(はな)す 이야기하다 → 話します 待(ま)つ 기다리다 → 待ちます 死(し)ぬ 죽다 → 死にます 分(わ)かる 알다 → 分かります	起(お)きる 일어나다 → 起きます 食(た)べる 먹다 → 食べます	

う단이랑 い단이 뭐지?										
	あ	か	さ	た	な	は	ま	や	ら	わ	ん
い단	い	き	し	ち	に	ひ	み		り		
う단	う	く	す	つ	ぬ	ふ	む	ゆ	る		
	え	け	せ	て	ね	へ	め		れ		
	お	こ	そ	と	の	ほ	も	よ	ろ	を	

정중형(존댓말) 시제

동사 +
- ~ます ~합니다
- ~ました ~했습니다
- ~ません ~하지 않습니다
- ~ませんでした ~하지 않았습니다

동사의 어미(맨 마지막 글자)를 떼고 ます, ました, ません, ませんでした를 붙여서 정중형(존댓말)을 나타낼 수 있습니다.

ます형 접속 표현

동사의 정중형을 잘 알고 있으면 활용의 범위가 넓어집니다. ます 대신에 ましょう, ましょうか, ませんか, たい 등 여러 표현을 접속하여 다양한 형태로 만들 수 있게 됩니다. 활용 연습문제로 직접 공부해봅시다.

활용 연습문제 ① - 동사 정중형 시제

1 빈칸을 일본어로 완성해보세요.

★는 예외 1그룹 동사입니다!

기본형	읽는 법	뜻	분류	~ます ~합니다(현재)
買う	かう	사다	1그룹	買います
会う	あう	만나다		
行く	いく	가다		
話す	はなす	이야기하다		
待つ	まつ	기다리다		
死ぬ	しぬ	죽다		
遊ぶ	あそぶ	놀다		
飲む	のむ	마시다		
分かる	わかる	알다, 이해하다		
ある	ー	(사물이)있다		
乗る	のる	타다		
帰る★	かえる	돌아가다(돌아오다)		
いる	ー	(사람, 동물이)있다		
見る	みる	보다		
起きる	おきる	일어나다		
寝る	ねる	자다		
教える	おしえる	가르치다		
する	する	하다		
来る	くる	오다		

～ました ～했습니다(과거)	～ません ～하지 않습니다(부정)	～ませんでした ～하지 않았습니다(과거 부정)
買いました	買いません	買いませんでした

활용 연습문제 ② - ます형 접속 표현

1 빈칸을 일본어로 완성해보세요.

	買う(か) 사다	聞く(き) 듣다	食べる(た) 먹다
~ましょう ~합시다	買いましょう		
~ましょうか ~할까요?	買いましょうか		
~ませんか ~하지 않겠습니까?	買いませんか		
~に行く(い) ~하러 가다	買いに行く		
~たい ~하고 싶다	買いたい		
~方(かた) ~하는 방법	買い方		
~ながら ~하면서	買いながら		
~すぎる 너무 ~하다	買いすぎる		
~やすい ~하기 쉽다	買いやすい		
~にくい ~하기 어렵다	買いにくい		
~なさい ~하시오, ~하거라	買いなさい		

読(よ)む 읽다	教(おし)える 가르치다	使(つか)う 사용하다	する 하다

실생활 대표 10문장

MP3

1 매일 공부합니다.

毎日勉強(まいにちべんきょう)します。

2 오늘은 7시에 일어났습니다.

今日(きょう)は7時(しちじ)に起(お)きました。

3 나는 아침밥을 먹지 않습니다.

私(わたし)は朝(あさ)ごはんを食(た)べません。

4 어제는 바빠서 가지 않았습니다.

昨日(きのう)は忙(いそが)しくて行(い)きませんでした。

5 일본어로 이야기합시다.

日本語(にほんご)で話(はな)しましょう。

6 같이 영화라도 보러 가지 않겠습니까?

一緒(いっしょ)に映画(えいが)でも見(み)に行(い)きませんか。

7 피아노를 치면서 노래를 부릅니다.

ピアノを弾(ひ)きながら歌(うた)を歌(うた)います。

8 아침 일찍 일어나거라.

朝早(あさはや)く起(お)きなさい。

9 초밥이 먹고 싶습니다.

すしが食(た)べたいです。

10 어제는 과음했습니다.

昨日(きのう)は飲(の)みすぎました。

단어

- 毎日(まいにち) 매일
- 朝(あさ)ごはん 아침밥
- ~くて ~해서
- ~で ~으로(수단)
- 一緒(いっしょ)に 함께, 같이
- ~でも ~라도
- 見(み)に行(い)く 보러 가다
- ピアノを弾(ひ)く 피아노를 치다
- 歌(うた)を歌(うた)う 노래를 부르다
- 朝(あさ) 아침
- 早(はや)く 일찍
- 飲(の)みすぎる 너무 마시다, 과음하다

꿀팁

すしが食べたい。
초밥이라는 '주어'를 강조

すしを食べたい。
먹고 싶다는 '행위(동사)'를 강조

MP3

연습문제

1 보기를 활용하여 빈칸에 알맞은 말을 골라 적으세요.

보기 ます　ました　ません　ませんでした

❶ 책상 위에 가방이 있습니다. 机(つくえ)の上(うえ)にかばんがあり (　　　　　　　　)。

❷ 아침밥은 먹지 않았습니다. 朝(あさ)ごはんは食(た)べ (　　　　　　　　)。

❸ 어제는 백화점에 가서 선물을 샀습니다.
昨日(きのう)はデパートへ行(い)ってプレゼントを買(か)い (　　　　　　　　)。

❹ 도서관에서 공부하지 않습니다. 図書館(としょかん)で勉強(べんきょう)し (　　　　　　　　)。

2 보기의 동사를 활용하여 문장을 완성하세요.

보기 飲(の)む　分(わ)かる　買(か)う　行(い)く

❶ 커피라도 마시지 않겠습니까? コーヒーでも (　　　　　　　　)。

❷ 선생님 설명은 알기 쉽습니다. 先生(せんせい)の説明(せつめい)は (　　　　　　　　)。

❸ 가방을 사러 갔습니다. かばんを (　　　　　　　　)。

❹ 저도 바다에 가고 싶습니다. 私(わたし)も海(うみ)へ (　　　　　　　　)。

단어 机(つくえ) 책상 | 上(うえ) 위 | ~に ~에 | デパート 백화점 | プレゼント 선물(present) | 説明(せつめい) 설명 | ~も ~도 | 海(うみ) 바다

동사의 연결형(て형) ~하고, ~해서

간단하게 공부하기

1그룹	2그룹	3그룹
う、つ、る → って ぬ、ぶ、む → んで く → いて ぐ → いで す → して	る → て	来る(く) 오다 → 来て(き) する 하다 → して

て형 접속 표현

표현	의미	
~てください	~해 주세요	書いてください 써 주세요
~ている	~하고 있다	書いている 쓰고 있다
~てしまう	~해 버리다	書いてしまう 써 버리다
~てみる	~해 보다	書いてみる 써 보다
~ておく	~해 두다	書いておく 써 두다
~てもいいです	~해도 됩니다	書いてもいいです 써도 됩니다
~てはいけません	~해서는 안 됩니다	書いてはいけません 써서는 안 됩니다
~てから	~하고 나서	書いてから 쓰고 나서
~てほしい	~해주길 바라다	書いてほしい 써주길 바라다

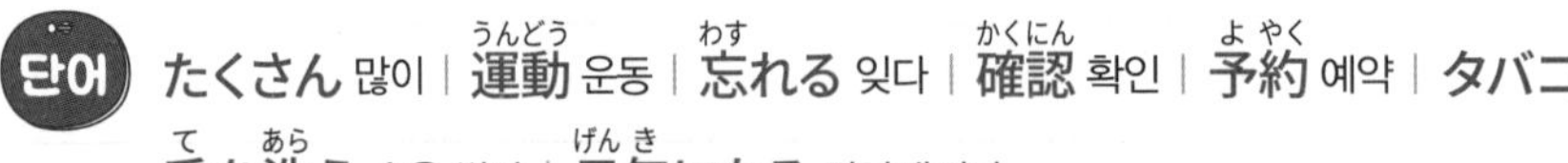
단어 たくさん 많이 | 運動(うんどう) 운동 | 忘れる(わす) 잊다 | 確認(かくにん) 확인 | 予約(よやく) 예약 | タバコを吸う(す) 담배를 피우다 | 手(て)を洗う(あら) 손을 씻다 | 元気(げんき)になる 건강해지다

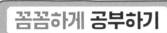

동사에 て를 붙여서 활용하면 '~하고', '~해서'라는 뜻을 나타냅니다.

1그룹 (나머지 동사)	2그룹 (i+る/e+る 동사)	3그룹 (암기 동사)
会(あ)う 만나다 → 会(あ)って 遊(あそ)ぶ 놀다 → 遊(あそ)んで 書(か)く 쓰다 → 書(か)いて 泳(およ)ぐ 수영하다 → 泳(およ)いで 話(はな)す 이야기하다 → 話(はな)して	食(た)べる 먹다 → 食(た)べて	来(く)る → 来(き)て する → して

주의! 行(い)く는 'く→いて' 원칙에 따라 行(い)いて가 되어야 하지만, 불규칙으로 바뀌는 예외 동사입니다. 行(い)って로 외워주세요!

ご飯(はん)を食(た)べて学校(がっこう)へ行(い)った。 밥을 먹고 학교에 갔다.

ご飯(はん)を食(た)べてお腹(なか)がいっぱいです。 밥을 먹어서 배가 부릅니다.

위와 같이 문맥이나 상황에 따라 '~하고'인지 '~해서'인지로 파악하면 됩니다.

て형 접속 표현

MP3

て형을 활용하면 てください, ている, てしまう, てみる 등 여러 표현을 만들 수 있습니다.

たくさん食(た)べてください。	많이 먹어 주세요.
運動(うんどう)をしています。	운동을 하고 있습니다.
忘(わす)れてしまいました。	잊어버렸습니다.
確認(かくにん)してみます。	확인해 보겠습니다.
予約(よやく)をしておきました。	예약을 해두었습니다.
タバコを吸(す)ってもいいです。	담배를 피워도 됩니다.
タバコを吸(す)ってはいけません。	담배를 피워서는 안 됩니다.
手(て)を洗(あら)ってからご飯(はん)を食(た)べます。	손을 씻고 나서 밥을 먹습니다.
元気(げんき)になってほしいです。	건강해지길 바랍니다.

활용 연습문제

1 빈칸을 일본어로 완성해보세요.

★는 예외 1그룹 동사입니다! ☆ 行く 주의!

기본형	읽는 법	뜻	분류	て형 ~하고, ~해서	~ている ~하고 있다
買う	かう	사다	1그룹	買って	買っている
会う	あう	만나다			
待つ	まつ	기다리다			
なる	ー	되다			
作る	つくる	만들다			
帰る★	かえる	돌아가다(돌아오다)			
乗る	のる	타다			
死ぬ	しぬ	죽다			
遊ぶ	あそぶ	놀다			
呼ぶ	よぶ	부르다			
飲む	のむ	마시다			
書く	かく	쓰다			
行く☆	いく	가다			
泳ぐ	およぐ	수영하다			
話す	はなす	이야기하다			
起きる	おきる	일어나다			
食べる	たべる	먹다			
来る	くる	오다			
する	する	하다			

～てから ～하고 나서	～てください ～해 주세요	～てしまう ～해 버리다	～てもいいです ～해도 됩니다
買ってから	買ってください	買ってしまう	買ってもいいです

실생활 대표 10문장

MP3

1 밥을 먹고 산책을 했습니다.

ご飯(はん)を食(た)べて散歩(さんぽ)をしました。

2 전부 잊어버렸습니다.

全部(ぜんぶ)忘(わす)れてしまいました。

3 청소를 하고 나서 차를 마셨습니다.

掃除(そうじ)をしてからお茶(ちゃ)を飲(の)みました。

4 매일 아침 운동을 하고 있습니다.

毎朝(まいあさ)運動(うんどう)をしています。

5 전기를 켜주세요.

電気(でんき)をつけてください。

6 여기에 차를 세워도 됩니까?

ここに車(くるま)を止(と)めてもいいですか。

7 술을 마시고 운전해서는 안 됩니다.

お酒(さけ)を飲(の)んで運転(うんてん)してはいけません。

8 나 프랑스에 가보고 싶어.

僕(ぼく)、フランスへ行(い)ってみたいよ。

9 네가 가주길 바라.

君(きみ)に行(い)ってほしい。

10 호텔을 예약해 두었습니다.

ホテルを予約(よやく)しておきました。

단어

散歩(さんぽ) 산책
全部(ぜんぶ) 전부
掃除(そうじ) 청소
お茶(ちゃ)を飲(の)む 차를 마시다
毎朝(まいあさ) 매일 아침
電気(でんき)をつける 전기를 켜다
ここ 여기
車(くるま) 차, 자동차
止(と)める 세우다
運転(うんてん)する 운전하다
僕(ぼく) 나(친근한 표현)
フランス 프랑스
君(きみ) 너(친근한 표현)
ホテル 호텔

꿀팁

~に~てほしい

'~이/가 ~해주었으면 좋겠다'라는 뜻으로, 원래 조사 に는 '~에게'이지만 여기서는 '~이/가'로 해석합니다.

연습문제

MP3

1 동사를 문장에 맞게 활용하여 써보세요.

① 푹 쉬세요.

やすむ → ゆっくり (　　　　　　　　) ください。

② 곁에 있어주길 바라.

いる → そばに (　　　　　　　　) ほしい。

③ 내일 회의 자료는 오늘중으로 복사해 두겠습니다.

する → 明日(あした)の会議(かいぎ)の資料(しりょう)は今日中(きょうじゅう)にコピー (　　　　　　　　) おきます。

④ 레시피를 보고 만들어 봤습니다만 실패했습니다.

見る → レシピを (　　　　　　　　) 作(つく)ってみましたが、失敗(しっぱい)しました。

2 보기의 동사를 활용하여 문장을 완성하세요.

보기 する　なる　着(き)る　吸(す)う

① 확인해 보겠습니다.　確認(かくにん) (　　　　　　　　)。

② 건강해지길 바랍니다.　元気(げんき)に (　　　　　　　　)。

③ 파란 스웨터를 입고 있는 사람은 누구입니까?

青(あお)いセーターを (　　　　　　　　) 人(ひと)は誰(だれ)ですか。

④ 교실에서는 담배를 피워서는 안 됩니다.

教室(きょうしつ)ではタバコを (　　　　　　　　)。

단어 ゆっくり休(やす)む 푹 쉬다 | そばにいる 곁에 있다 | 会議(かいぎ) 회의 | 資料(しりょう) 자료 | 今日中(きょうじゅう)に 오늘중으로 | コピー 복사(copy) | ~が ~이지만 | 失敗(しっぱい)する 실패하다 | 青(あお)い 파랗다 | セーター 스웨터 | 着(き)る 입다 | 誰(だれ) 누구

동사의 과거형(た형) ~했다

간단하게 공부하기

1그룹	2그룹	3그룹
う、つ、る → った ぬ、ぶ、む → んだ く → いた ぐ → いだ す → した	る → た	来(く)る 오다 → 来(き)た する 하다 → した

た형 접속 표현

표현	의미
~たり	~하거나
~たら	~하면(가정)
~たことがある	~한 적이 있다(경험)
~た方(ほう)がいい	~하는 편이 좋다
~たばかりだ	막 ~했다
~た後(あと)で	~한 뒤(후)에
~た+명사	~한(했던) + 명사

作(つく)ったり 만들거나

作ったら 만들면

作ったことがある 만든 적이 있다

作った方(ほう)がいい 만드는 편이 좋다

作ったばかりだ 막 만들었다

作った後(あと)で 만든 뒤에

作った料理(りょうり) 만든(만들었던) 요리

단어 作(つく)る 만들다 | 料理(りょうり) 요리

꼼꼼하게 공부하기

동사의 た형을 쓰면 '~했다'는 과거의 뜻을 나타냅니다.
앞에서 배운 연결형(て형) 활용에 て 대신 た를 그대로 넣으면 됩니다.

1그룹 (나머지 동사)	2그룹 (i+る/e+る 동사)	3그룹 (암기 동사)
会(あ)う 만나다 → 会(あ)った 遊(あそ)ぶ 놀다 → 遊(あそ)んだ 書(か)く 쓰다 → 書(か)いた 泳(およ)ぐ 수영하다 → 泳(およ)いだ 話(はな)す 이야기하다 → 話(はな)した	食(た)べる 먹다 → 食(た)べた	来(く)る → 来(き)た する → した

주의! 行(い)く 동사는 예외라서 て형도 行いて가 아닌 行(い)って를 사용하지요. 따라서 과거형도 「行った」라고 해야 해요.

た형 접속 표현 MP3

た형으로 다양한 표현을 쓸 수 있습니다.
주의할 것은 「～たら」입니다. 과거형에 접속했지만 과거의 의미가 아니라, 미래를 가정하는 '~하면' 이라는 뜻입니다.

行(い)ったり来(き)たり	가거나 오거나(왔다갔다)
日本(にほん)に来(き)たら電話(でんわ)してください。	일본에 오면 전화해주세요.
日本に行(い)ったことがある。	일본에 간 적이 있다.
休(やす)んだ方(ほう)がいい。	쉬는 편이 좋다.
日本に来(き)たばかりです。	일본에 막 왔습니다.
食事(しょくじ)した後(あと)で話(はな)しましょう。	식사한 뒤에 이야기합시다.
昨日(きのう)休(やす)んだ人(ひと)は誰(だれ)？	어제 쉰 사람은 누구?

단어 電話(でんわ) 전화 | 休(やす)む 쉬다 | 食事(しょくじ) 식사

활용 연습문제

1 빈칸을 일본어로 완성해보세요.

★는 예외 1그룹 동사입니다! ☆ 行く 주의!

기본형	읽는 법	뜻	분류	～た형 ～했다	～た後(あと)で ～한 뒤에
買う	かう	사다	1그룹	買った	買った後で
会う	あう	만나다			
待つ	まつ	기다리다			
なる	ー	되다			
作る	つくる	만들다			
帰る★	かえる	돌아가다(돌아오다)			
乗る	のる	타다			
死ぬ	しぬ	죽다			
遊ぶ	あそぶ	놀다			
呼ぶ	よぶ	부르다			
飲む	のむ	마시다			
書く	かく	쓰다			
行く☆	いく	가다			
泳ぐ	およぐ	수영하다			
話す	はなす	이야기하다			
起きる	おきる	일어나다			
食べる	たべる	먹다			
来る	くる	오다			
する	する	하다			

～たり ～하거나	～たら ～하면	～たことがある ～한 적이 있다	～た方(ほう)がいい ～하는 편이 좋다
買ったり	買ったら	買ったことがある	買った方がいい

실생활 대표 10문장

MP3

1 어제는 오랜만에 고등학교 시절 친구를 만났다.

昨日(きのう)は久(ひさ)しぶりに高校時代(こうこうじだい)の友達(ともだち)に会(あ)った。

2 역사소설을 읽은 적이 있습니다.

歴史小説(れきししょうせつ)を読(よ)んだことがあります。

3 미국에 간 적은 한 번도 없습니다.

アメリカへ行(い)ったことは一度(いちど)もありません。

4 두 사람은 사귄 지 얼마 안 되었습니다.

二人(ふたり)は付(つ)き合(あ)ったばかりです。

5 택시보다 지하철을 타는 편이 좋아요.

タクシーより地下鉄(ちかてつ)に乗(の)ったほうがいいですよ。

6 일본에 이제 막 왔기 때문에 일본어는 못합니다.

日本(にほん)に来(き)たばかりなので日本語(にほんご)は下手(へた)です。

7 노래를 부르거나 춤추거나 하고 있습니다.

歌(うた)を歌(うた)ったり踊(おど)ったりしています。

8 편의점에 가면 주스 사 와주세요.

コンビニへ行(い)ったらジュース買(か)ってきてください。

9 목욕을 한 후에 맥주를 마십니다.

お風呂(ふろ)に入(はい)った後(あと)でビールを飲(の)みます。

10 모를 때는 인터넷으로 조사하거나 합니다.

分(わ)からない時(とき)はネットで調(しら)べたりします。

단어

久(ひさ)しぶりに 오랜만에

高校時代(こうこうじだい) 고등학교 시절

歴史小説(れきししょうせつ) 역사소설

アメリカ 미국

一度(いちど)も 한 번도

二人(ふたり) 두 사람

付(つ)き合(あ)う 사귀다

タクシー 택시

~より ~보다

地下鉄(ちかてつ) 지하철

~に乗(の)る ~을/를 타다

~ので ~때문에

下手(へた)だ 못하다

踊(おど)る 춤추다

ジュース 주스

お風呂(ふろ)に入(はい)る 목욕을 하다

ビール 맥주

ネット 인터넷 (インターネット의 준말)

調(しら)べる 조사하다

MP3

1 아래 동사를 문장에 맞게 완성하세요.

❶ 전철 안에서는 음악을 듣거나 책을 읽거나 합니다.

聞(き)く, 読(よ)む → 電車(でんしゃ)の中(なか)では音楽(おんがく)を (　　　　　　　) 本(ほん)を (　　　　　　　) します。

❷ 단어를 많이 외우는 편이 좋아요.

覚(おぼ)える → 単語(たんご)をたくさん (　　　　　　　) ほうがいいですよ。

❸ 다코야키 먹은 적 있어?

食(た)べる → たこやき、(　　　　　　　) ことある？

❹ 커피는 좀 전에 막 마셨습니다.

飲(の)む → コーヒーはさっき (　　　　　　　) ばかりです。

2 보기의 동사를 활용하여 문장을 완성하세요.

보기　着(つ)く　見(み)る　行(い)く　笑(わら)う

❶ 이 영화 봤어?　この映画(えいが)、(　　　　　　　)?

❷ 디즈니랜드에 간 적이 있다.　ディズニーランドへ (　　　　　　　)。

❸ 지금 막 도착했습니다.　今(いま) (　　　　　　　)。

❹ 고등학생은 웃기도 하고 이야기하기도 한다.

高校生(こうこうせい)は (　　　　　　　) 話(はな)したりしている。

단어 電車(でんしゃ) 전철 | 中(なか) 안 | 音楽(おんがく) 음악 | 単語(たんご)を覚(おぼ)える 단어를 외우다 | さっき 좀 전, 아까 | 着(つ)く 도착하다 | 高校生(こうこうせい) 고등학생

동사의 부정형(ない형) ~하지 않다

간단하게 공부하기

1그룹	2그룹	3그룹
う단 → あ단 + ない	る → ない	来(く)る 오다 → 来(こ)ない する 하다 → しない

ない형 접속 표현

표현	의미	
~ない	~하지 않다	しない 하지 않다
~なかった	~하지 않았다	しなかった 하지 않았다
~ないように	~하지 않도록	しないように 하지 않도록
~ないでください	~하지 말아주세요	しないでください 하지 말아주세요
~ない方(ほう)がいい	~하지 않는 편이 좋다	しない方がいい 하지 않는 편이 좋다
~なければなりません (=なければいけません)	~하지 않으면 안 됩니다	しなければなりません 하지 않으면 안 됩니다
~なくてもいいです	~하지 않아도 됩니다	しなくてもいいです 하지 않아도 됩니다
~ないで	~하지 않고 (나열, 열거)	しないで 하지 않고
~なくて	~하지 않아서 (원인, 이유)	しなくて 하지 않아서

단어 絶対(ぜったい) 절대 | メモする 메모하다 | コーラ 콜라 | 制服(せいふく) 제복, 유니폼 | 飲(の)み会(かい) 회식 | 電気(でんき)を消(け)す 전기를 끄다 | 家(いえ) 집 | 出(で)る 나오다(나가다) | 返事(へんじ) 답변 | 心配(しんぱい) 걱정

꼼꼼하게 공부하기

1그룹 (나머지 동사)	2그룹 (i+る/e+る 동사)	3그룹 (암기 동사)
う단 → あ단 + ない	る → ない	来(く)る → 来(こ)ない する → しない
買(か)う 사다 → 買(か)わない 行(い)く 가다 → 行(い)かない 話(はな)す 이야기하다 → 話(はな)さない 待(ま)つ 기다리다 → 待(ま)たない 遊(あそ)ぶ 놀다 → 遊(あそ)ばない 飲(の)む 마시다 → 飲(の)まない 分(わ)かる 알다 → 分(わ)からない 乗(の)る 타다 → 乗(の)らない	いる 있다 → いない 見(み)る 보다 → 見(み)ない 起(お)きる 일어나다 → 起(お)きない 食(た)べる 먹다 → 食(た)べない 寝(ね)る 자다 → 寝(ね)ない	

꿀팁

ある(있다)의 부정은 ない(없다)입니다.

あ단	わ	か	さ	た	な	は	ま	や	ら	わ	ん
	い	き	し	ち	に	ひ	み		り		
う단	う	く	す	つ	ぬ	ふ	む	ゆ	る		
	え	け	せ	て	ね	へ	め		れ		
	お	こ	そ	と	の	ほ	も	よ	ろ	を	

주의! 買(か)う처럼 う로 끝나는 동사는 あ단으로 바꿀 때 かあない가 아니라 かわない가 됩니다.

ない형 접속 표현 MP3

絶対忘(ぜったいわす)れないようにメモしておきます。	절대 잊지 않도록 메모해두겠습니다.
ここでタバコを吸(す)わないでください。	여기에서 담배를 피우지 말아 주세요.
コーラは飲(の)まない方(ほう)がいいです。	콜라는 마시지 않는 편이 좋습니다.
会社(かいしゃ)では制服(せいふく)を着(き)なければなりません。 (=着なければいけません)	회사에서는 유니폼을 입지 않으면 안 됩니다.
飲(の)み会(かい)でお酒(さけ)を飲(の)まなくてもいいです。	회식에서 술을 마시지 않아도 됩니다.
電気(でんき)を消(け)さないで家(いえ)を出(で)た。	전기를 끄지 않고 집을 나왔다.
返事(へんじ)が来(こ)なくて心配(しんぱい)しました。	답변이 오지 않아서 걱정했습니다.

「なければなりません」은 사회적 의무와 관련된 것으로 강제성이 강하며, 객관적 성격을 가집니다.
「なければいけません」은 개인적 필요에 의한 것으로 강제성이 보통이고, 주관적 성격을 가집니다.

활용 연습문제

1 빈칸을 일본어로 완성해보세요.

◇는 う로 끝나는 1그룹 동사입니다!
★는 예외 1그룹 동사입니다!

기본형	읽는 법	뜻	분류	~ない ~하지 않다	~ないで ~하지 않고	~なくて ~하지 않아서
買う◇	かう	사다	1그룹	買わない	買わないで	買わなくて
会う◇	あう	만나다				
待つ	まつ	기다리다				
なる	ー	되다				
作る	つくる	만들다				
帰る★	かえる	돌아가다(돌아오다)				
乗る	のる	타다				
死ぬ	しぬ	죽다				
遊ぶ	あそぶ	놀다				
呼ぶ	よぶ	부르다				
飲む	のむ	마시다				
書く	かく	쓰다				
行く	いく	가다				
泳ぐ	およぐ	수영하다				
話す	はなす	이야기하다				
起きる	おきる	일어나다				
食べる	たべる	먹다				
来る	くる	오다				
する	する	하다				

~ないように ~하지 않도록	~ないでください ~하지 말아주세요	~ない方(ほう)がいい ~하지 않는 편이 좋다	~なければなりません ~하지 않으면 안 됩니다
買わないように	買わないでください	買わない方がいい	買わなければなりません

실생활 대표 10문장

MP3

1 아들은 채소를 먹지 않는다.

息子(むすこ)は野菜(やさい)を食(た)べない。

2 콜라는 마시지 않는 편이 좋습니다.

コーラは飲(の)まない方(ほう)がいいです。

3 아침밥을 먹지 않고 학교에 갔다.

朝(あさ)ごはんを食(た)べないで学校(がっこう)へ行(い)った。

4 전기를 끄지 않고 집을 나왔다.

電気(でんき)を消(け)さないで家(いえ)を出(で)た。

5 아침밥을 먹지 않아서 배가 고팠다.

朝(あさ)ごはんを食(た)べなくてお腹(なか)が空(す)いた。

6 내일은 휴일인데도 회사에 가지 않으면 안 됩니다.

明日(あした)は休(やす)みなのに会社(かいしゃ)へ行(い)かなければなりません。

7 일본어로 말하지 않아도 됩니다.

日本語(にほんご)で話(はな)さなくてもいいです。

8 여기에서는 사진을 찍지 말아주세요.

ここでは写真(しゃしん)を撮(と)らないでください。

9 어제는 바빠서 헬스장에 가지 않았다.

昨日(きのう)は忙(いそが)しくてジムに行(い)かなかった。

10 이제 더 이상은 살찌지 않도록 운동을 시작했습니다.

もうこれ以上(いじょう)は太(ふと)らないように運動(うんどう)を始(はじ)めました。

단어

息子(むすこ) 아들

野菜(やさい) 야채, 채소

お腹(なか)が空(す)く 배가 고프다

休(やす)み 휴일

명사 + なのに ~인데도

写真(しゃしん)を撮(と)る 사진을 찍다

ジム 헬스장(gym)

以上(いじょう) 이상

太(ふと)る 살찌다

始(はじ)める 시작하다

연습문제

MP3

1 아래 동사를 문장에 맞게 완성하세요.

1. 술은 마시지 않는 편이 좋아요.

   飲(の)む → お酒(さけ)は (   ) 方(ほう)がいいですよ。

2. 영어로 말하지 않아도 됩니다.

   話(はな)す → 英語(えいご)で (   ) いいです。

3. 실패는 해도 후회는 하지 않도록 하고 있다.

   する → 失敗(しっぱい)はしても後悔(こうかい)は (   ) している。

4. 단 거 먹지 말아 주세요.

   食(た)べる → 甘(あま)いもの、(   ) ください。

2 보기의 동사를 활용하여 문장을 완성하세요.

보기 見(み)る　捨(す)てる　触(さわ)る　払(はら)う

1. 어제는 드라마를 보지 않았다.　昨日(きのう)はドラマを (   )。

2. 여기에 쓰레기를 버리지 말아주세요.　ここにゴミを (   )。

3. 그것은 만지지 않는 편이 좋아요.　それは (   ) よ。

4. 초등학생 이하는 돈을 내지 않아도 됩니다.

   小学生(しょうがくせい)以下(いか)はお金(かね)を (   )。

단어 英語(えいご) 영어 | 失敗(しっぱい) 실패 | ～ても ～해도 | 後悔(こうかい) 후회 | 甘(あま)い 달다 | ゴミ 쓰레기 | 捨(す)てる 버리다 | 触(さわ)る 만지다 | 小学生(しょうがくせい) 초등학생 | 以下(いか) 이하 | お金(かね)を払(はら)う 돈을 내다

궁금증 해결소! 무엇이든 물어보세요

일본어는 왜 물음표가 없나요?

일본어는 옛부터 。(마침표) 부호만 있었다가, 근대에 서양 문물이 들어오면서 ?(물음표)와 !(느낌표) 등을 쓰게 되었어요. 그러니까 물음표는 원래 일본의 서법(書法)이 아닌 것이지요. 그럼 기본적으로 의문은 어떻게 나타낼까요?

일본어에는 의문을 나타내는 종조사 か가 있습니다. 존댓말이나 반말 문장에 か만 붙이면 의문문이 됩니다.

존댓말		반말	
これですか	이것입니까?	食べるか	먹을래?
食べますか	먹습니까?	食べないか	먹지 않을래?
これでしょうか	이것일까요?	行こうか	갈까?
食べましょうか	먹을까요?	行くだろうか	갈 것인가?

단, 아래처럼 반말 회화문을 문장으로 쓸 때는 물음표를 쓸 수 있습니다.

食べる。　먹어.
食べる?　먹어?

실제 회화에서는 문장 끝을 올려 말하는지 내려 말하는지에 따라 의문문 여부를 알 수 있지만, 글에서는 한계가 있어요. 그래서 반말 회화문을 문장으로 표기할 때는 물음표를 쓰는 경우가 많습니다.

일본어 공부 팁

작심삼일에서 벗어나는 꿀팁

세상에서 가장 어려운 것이 '자신을 이기는 일'이라고 합니다. 자꾸만 나태해지려는 본인을 이기고 책상 앞에 앉아 있기란 쉬운 일이 아니에요.

여러분은 일본어 공부를 왜 하세요? '그냥 하고 싶어서', '멋져보여서', '심심해서' 정도의 이유라면 이왕 시작한 일본어 공부가 물거품 되기 쉽습니다.

외국어 하나를 잘하게 된다는 것, 마스터 한다는 것은 결코 쉽지 않습니다. 자신을 다독이지 않고 구체적인 목표도 없이 공부한다면 작심삼일만 영원히 하게 될 것입니다!! (-.- 좀 무섭네요).

1 수치로 확인할 수 있는 목표를 정해야 해요!

'하루에 강의 하나 듣겠다', '하루에 책 3페이지를 보겠다', '이번 달까지는 이 책을 다 떼겠다'와 같이 수치화할 수 있는 목표를 눈에 잘 띄는 곳에 적어 놓고 항상 되뇌입니다. 우리의 뇌는 자꾸 망각하기 때문에 나의 목표를 시시때때로 말해줘야 합니다.

2 매일 하세요. 하루에 10분이라도 하세요!

공부는 일주일에 한 번 날 잡아서 하는 게 아니에요. 우리의 몸과 뇌는 단순해서 '매일 해야 되는 습관'으로 인식시켜줘야 합니다. 그래야 받아들일 준비를 하고 실행해요. 그래야만 성장할 수 있고 꾸준히 공부할 수 있어요.

3 개떡 같은 1회독을 꼭 참아야 해요!

처음 보는 건 다 어렵고 머리에 입력도 잘 되지 않을 거예요. 한 번만에 내 것으로 만들려는 마음은 욕심입니다. 1회독을 꼭 참고 해낸 뒤 그다음 복습을 할 때야 비로소 많은 것을 얻을 수 있습니다. '복습부터가 진짜 공부다' 이 말을 꼭 기억하세요.

마지막으로 더 이상 작심삼일 괴물이 되지 않겠다고 다짐, 또 다짐해주세요! 쉽지 않은 만큼 마음 속에서 굳건히 다짐해야 합니다.

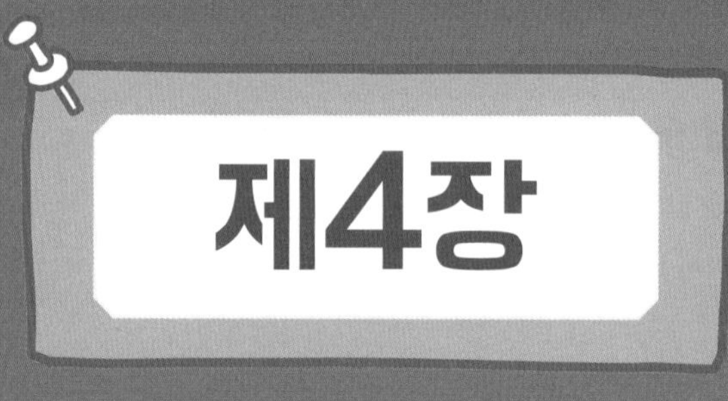
제4장

동사 복습과 예습

· 동사 1단계 한눈에 보기 (복습)

· 동사 2~3단계 한눈에 보기 (예습)

동사 1단계 한눈에 보기 (복습)

지금까지 배웠던 동사 활용을 정리하는 시간입니다. 깜박한 부분을 한 번 더 체크합시다!

	기본형(사전형) ~하다	ます형(정중형) ~합니다
1그룹	나머지 동사 (2, 3그룹이 아닌 동사) 엄청 많다!!!! 買う(か) 사다 行く(い) 가다 話す(はな) 이야기하다 待つ(ま) 기다리다 遊ぶ(あそ) 놀다	う단 → い단 + ます 買います 行きます 話します 待ちます 遊びます
2그룹	i + る e + る 見る(み) 보다 起きる(お) 일어나다 寝る(ね) 자다 教える(おし) 가르치다	る → ます 見ます 起きます 寝ます 教えます
3그룹	来る(く) 오다 する 하다	きます します

て형(연결형) ~하고, ~해서	た형(과거형) ~했다	ない형(부정형) ~하지 않다
う、つ、る → って ぬ、ぶ、む → んで く → いて ぐ → いで す → して 買って 行って 話して 待って 遊んで	う、つ、る → った ぬ、ぶ、む → んだ く → いた ぐ → いだ す → した 買った 行った 話した 待った 遊んだ	う단 → あ단 + ない 買わない 行かない 話さない 待たない 遊ばない
る → て 見て 起きて 寝て 教えて	る → た 見た 起きた 寝た 教えた	る → ない 見ない 起きない 寝ない 教えない
きて して	きた した	こない しない

표현 정리

ます형 접속 표현

표현	의미	食べる
～ましょう	～합시다	食べましょう
～ましょうか	～할까요?	食べましょうか
～ませんか	～하지 않겠습니까?	食べませんか
～たい	～하고 싶다	食べたい
～に行(い)く	～하러 가다	食べに行く
～ながら	～하면서	食べながら
～すぎる	너무 ～하다	食べすぎる
～やすい	～하기 쉽다	食べやすい
～にくい	～하기 어렵다	食べにくい
～なさい	～하시오, ～하거라	食べなさい
～方(かた)	～하는 방법	食べ方

て형 접속 표현

～てください	～해 주세요	食べてください
～ている	～하고 있다	食べている
～てしまう	～해 버리다	食べてしまう
～てみる	～해 보다	食べてみる
～ておく	～해 두다	食べておく
～てもいいです	～해도 됩니다	食べてもいいです
～てはいけません	～해서는 안 됩니다	食べてはいけません
～てから	～하고 나서	食べてから
～てほしい	～해 주길 바라다	食べてほしい

た형 접속 표현

～たり	～하거나	食べたり
～たら	～하면(가정)	食べたら
～たことがある	～한 적이 있다(경험)	食べたことがある
～た方(ほう)がいい	～하는 편이 좋다	食べた方がいい
～たばかりだ	막 ～했다	食べたばかりだ
～た後(あと)で	～한 뒤(후)에	食べた後で
～た＋명사	～한(했던) + 명사	食べた人(ひと)

ない형 접속 표현

～ない	～하지 않다	食べない
～なかった	～하지 않았다	食べなかった
～ないように	～하지 않도록	食べないように
～ないでください	～하지 말아주세요	食べないでください
～ない方(ほう)がいい	～하지 않는 편이 좋다	食べない方がいい
～なければなりません (＝なければいけません)	～하지 않으면 안 됩니다	食べなければなりません
～なくてもいいです	～하지 않아도 됩니다	食べなくてもいいです
～ないで	～하지 않고(나열, 열거)	食べないで
～なくて	～하지 않아서(원인, 이유)	食べなくて

활용 연습문제

1 빈칸을 일본어로 완성해보세요.

★는 예외 1그룹 동사입니다!

기본형	읽는 법	뜻	분류	~ます형 ~합니다
会う	あう	만나다	1그룹	会います
行く	いく	가다		
書く	かく	쓰다		
話す	はなす	이야기하다		
持つ	もつ	들다, 가지다		
死ぬ	しぬ	죽다		
遊ぶ	あそぶ	놀다		
読む	よむ	읽다		
分かる	わかる	알다		
ある	ー	(사물이) 있다		
乗る	のる	타다		
帰る★	かえる	돌아가다(돌아오다)		
いる	ー	(사람, 동물이) 있다		
見る	みる	보다		
起きる	おきる	일어나다		
寝る	ねる	자다		
教える	おしえる	가르치다		
する	ー	하다		
来る	くる	오다		

~て형 ~하고/ ~해서	~た형 ~했다	~ない형 ~하지 않다
会って	会った	会わない

동사 2~3단계 한눈에 보기 (예습)

앞으로 배우게 될 동사의 가능형, 가정형, 의지형, 수동형, 사역형, 사역수동형을 살짝 살펴봅시다.
뒤에서 하나씩 천천히, 꼼꼼하게 배울 시간이 있으니 여기서는 대략 큰 그림으로 훑어보면 됩니다.

	가능형 ~할 수 있다	가정형 ~한다면	의지형 ~하려고, ~해야지/~하자
1 그룹	う단 → え단 + る 行(い)く → 行ける 話(はな)す → 話せる ⋮	う단 → え단 + ば 行けば 話せば	う단 → お단 + う 行こう 話そう
2 그룹	る → られる 見(み)る → 見られる 食(た)べる → 食べられる	る → れば 見れば 食べれば	る → よう 見よう 食べよう
3 그룹	来(く)る → こられる する → できる	くれば すれば	こよう しよう

수동형 ~당하다, ~하게 되다	사역형 ~시키다, ~하게 하다	사역수동형 억지로 ~하게 되다
う단 → あ단 + れる 行かれる 話される	う단 → あ단 + せる 行かせる 話させる	う단 → あ단 + せられる 行かせられる 話させられる
る → られる 見られる 食べられる	る → させる 見させる 食べさせる	る → させられる 見させられる 食べさせられる
こられる される	こさせる させる	こさせられる させられる

활용 연습문제

1 빈칸을 일본어로 완성해보세요.

①: 1그룹 ②: 2그룹 ③: 3그룹

	가능형 ~할 수 있다	가정형 ~하면	의지형 ~하려고, ~해야지/~하자
동사의 분류별 활용	① う단 → え단 + る ② る → られる ③ こられる, できる	① う단 → え단 + ば ② る → れば ③ くれば, すれば	① う단 → お단 + う ② る → よう ③ こよう, しよう
行く(い) 가다	行ける	行けば	行こう
書く(か) 쓰다			
押す(お) 밀다			
死ぬ(し) 죽다			
読む(よ) 읽다			
泳ぐ(およ) 수영하다			
待つ(ま) 기다리다			
乗る(の) 타다			
食べる(た) 먹다			
寝る(ね) 자다			
来る(く) 오다			
する 하다			

수동형 ~당하다, ~하게 되다	사역형 ~시키다, ~하게 하다	사역수동형 억지로 ~하게 되다
① う단 → あ단 + れる ② る → られる ③ こられる, される	① う단 → あ단 + せる ② る → させる ③ こさせる, させる	① う단 → あ단 + せられる ② る → させられる ③ こさせられる, させられる
行かれる	行かせる	行かせられる

맛보기 문장

MP3

가능형

1 좋아하는 사람에게 좋아한다고 말할 수 있습니까?

好(す)きな人(ひと)に好(す)きだと言(い)えますか。

2 저는 매운 요리는 먹을 수 없습니다.

私(わたし)は辛(から)い料理(りょうり)は食(た)べられません。

가정형

1 이 약을 먹으면 낫습니다.

この薬(くすり)を飲(の)めば、治(なお)ります。

2 공부하면 성적이 오른다.

勉強(べんきょう)すれば成績(せいせき)が上(あ)がる。

의지형

1 오사카에 가려고 생각하고 있습니다.

大阪(おおさか)へ行(い)こうと思(おも)っています。

2 오늘부터 다이어트 시작해야지. / 다이어트하자!

今日(きょう)からダイエットを始(はじ)めよう。

단어 辛(から)い 맵다 | 薬(くすり)を飲(の)む 약을 먹다 | 治(なお)る 낫다 | 成績(せいせき)が上(あ)がる 성적이 오르다 | ダイエット 다이어트

수동형

1 다나카 씨는 선생님에게 칭찬받았습니다.

田中(たなか)さんは先生(せんせい)に褒(ほ)められました。

2 이 빌딩은 10년 전에 지어졌습니다.

このビルは10年前(じゅうねんまえ)に建(た)てられました。

사역형

1 엄마는 남동생에게 시금치를 먹게 했습니다.

母(はは)は弟(おとうと)にほうれんそうを食(た)べさせました。

2 부장님이 야근을 시켰습니다.

部長(ぶちょう)が残業(ざんぎょう)をさせました。

사역수동형

1 술을 억지로 먹게 되었습니다.

お酒(さけ)を飲(の)ませられました。

2 수업 중에 영어로 어쩔 수 없이 발표하게 되었습니다.

授業中(じゅぎょうちゅう)に英語(えいご)で発表(はっぴょう)させられました。

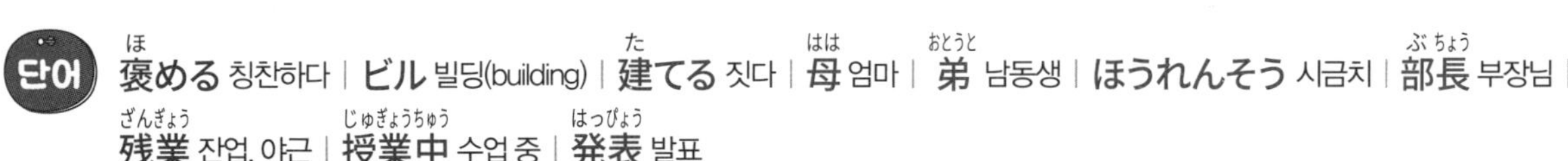
단어 褒(ほ)める 칭찬하다 | ビル 빌딩(building) | 建(た)てる 짓다 | 母(はは) 엄마 | 弟(おとうと) 남동생 | ほうれんそう 시금치 | 部長(ぶちょう) 부장님 | 残業(ざんぎょう) 잔업, 야근 | 授業中(じゅぎょうちゅう) 수업 중 | 発表(はっぴょう) 발표

궁금증 해결소! 무엇이든 물어보세요

から vs ので vs ため
'~때문에' 구분하기

위 3가지는 '~때문에', '~이니까'라는 뜻으로, 원인이나 이유를 말할 때는 모두 사용할 수 있습니다. 3가지를 구분하는 기준은 무엇일까요? 가장 대표적인 특징을 예문과 함께 쉽게 설명해드리겠습니다.

~から	~ので	~ため
주관적	다소 객관적	가장 객관적
의지, 감정을 강조하는 느낌	이성, 논리를 강조하는 느낌	딱딱한 표현으로 문서에서 많이 사용

から 주관적인 요청, 요구의 장면에서 많이 사용합니다.

暑(あつ)いからエアコン つけてくれる？
더우니깐 에어컨 켜줄래?

ので 객관적인 상황을 설명하는 장면에서 많이 사용합니다.

授業料(じゅぎょうりょう)が高(たか)いので学校(がっこう)を辞(や)めることにしました。
수업료가 비싸기 때문에 학교를 그만두기로 했습니다.

ため 딱딱하고 격식 있는 장면에서 많이 사용합니다.

故障(こしょう)のため、こちらの販売機(はんばいき)はご利用(りよう)になれません。
고장 때문에 이쪽 판매기는 이용하실 수 없습니다.

확연히 구분되는 경우도 있지만 객관과 주관을 판별하기 애매한 때도 있습니다. '서로 겹쳐 쓸 수도 있구나', '바꿔 쓸 수도 있겠구나' 등 유연한 사고로 접근하는 것이 앞으로의 일본어 공부에 도움이 될 거예요.

단어 暑(あつ)い 덥다 | エアコンをつける 에어컨을 켜다 | 授業料(じゅぎょうりょう) 수업료 | 辞(や)める 그만두다 | 故障(こしょう) 고장 | 販売機(はんばいき) 판매기 | 利用(りよう) 이용

일본어 공부 팁

나이에 맞는 처방전

10대, 20대 ▶ **스펀지 같은 너, 단기간에 밀어붙여라.**

무엇이든 바로 입력해버리는 탄력 있는 머리를 지닌 분들!
공부하기 가장 좋을 때, 가장 머리가 맑을 때인 만큼 열정을 불태워야 합니다.
1년 6개월 짧고 굵게 끝내는 것은 어떨까요?

3개월	→	**1개월**	→	**2개월**	→	**2개월**	→	**4개월**	→	**6개월**
기초		문법		한자		N4		N3		N2

30대, 40대 ▶ **뇌 노화의 시작, 복습하면 길이 보여요.**

믿기지 않겠지만 뇌 노화가 시작되어 공부하기가 예전과는 다를 겁니다. 직장, 부업, 육아, 살림 등 1인 다역을 하느라 정신 없으신 분들도 많습니다. 바쁜 당신, 자투리 시간에 목숨을 거세요. 그리고 한 번만에 암기되지 않는 것을 슬퍼하지 마시고 복습을 꼭 해주세요. 지금까지의 사회경험과 합쳐져 10~20대 때와는 다른 복습의 맛과 깊이를 느낄 수 있을 거예요.

50대 이상 ▶ **지혜 가득한 '꽃 뇌'를 믿자.**

정보와 지식, 지혜가 가득한 '꽃 뇌'를 지닌 나이입니다. 암기도 이해도 속도는 느리지만 지금까지 살아온 연륜으로 어떻게든 방법을 찾을 수 있습니다. 공부가 단박에는 안 될 수 있어요. 무조건 3번 본다는 마음으로 임해야 합니다. 일본어를 공부하는 게 아니라 그냥 본다는 가벼운 느낌으로, 외워지면 외워지는 대로 안 외워지면 안 외워지는 대로 부담 없이 즐기면서 하면 좋습니다.

개인차가 있어서 공부 기간은 각자 다르겠지만, 자신이 목표한 바를 꼭 이룰 것이라 생각해요.
지금 이 페이지까지 공부한 당신이라면 마지막 페이지까지도 꼭 보실 거라고 믿습니다.

일본어 공부에 진심인 여러분을 응원합니다!

제5장

디테일의 끝판왕, 조사

- 조사 정복하기
- 자동사와 타동사
- ~んです ~인 거예요, ~예요

조사 정복하기

~が	~이/가	私が行く　내가 간다
~は	~은/는	私は行かない　나는 가지 않는다
~も	~도	彼も行く　그도 간다
	~이나	1時間もかかる　1시간이나 걸리다
~を	~을/를	ドラマを見る　드라마를 보다
~と	~와/과	ペンとノート　펜과 노트
~や	~랑, ~이나	ペンやノートなど　펜이랑 노트 등
~の	~의	私のノート　내 노트
	~의 것	私のです　내 것입니다
~に	~에(존재장소)	かばんの中にある　가방 안에 있다
	~에(목적장소)	学校に行く　학교에 가다
	~에(시간)	3時に会おう　3시에 만나자
	~에게(대상)	君にあげる　너에게 줄게
~へ	~에, ~로(방향)	会社へ行く　회사에 가다
~で	~에서(동작장소)	公園で散歩する　공원에서 산책하다
	~로(수단)	ペンで書く　펜으로 쓰다
~とか	~라든지, ~라든가	本屋とか駅とか　서점이라든가 역이라든가
~より	~보다	彼より背が高い　그보다 키가 크다
~から	~부터	1時から2時まで　1시부터 2시까지
	~에서, ~로부터 (기점, 출처)	窓から風が入る　창문에서 바람이 들어온다
~まで	~까지	家から学校まで　집에서 학교까지

→ 私が vs 私は

私が : 주어를 강조할 때 사용해요. '나'가 특정 동작의 주체임을 강조합니다.

私がやります。 내가 할게요.

私は : 주제를 소개할 때 사용해요. '나'가 문장에서 주제로 설정됩니다.

私は学生です。 나는 학생입니다.

→ も가 명사에 붙으면 '~도', 숫자에 붙으면 '~이나'가 됩니다.

パンも食べる。 빵도 먹는다.　　100人もいる。 100명이나 있다.

→ を는 행위의 대상을 나타내는 목적격 조사로 '~을/를'이라는 뜻입니다. 하지만 관용적으로 を가 아닌 다른 조사를 사용하는 예외가 있어요.

～が好きだ	~을/를 좋아하다	～が分かる	~을/를 알다
～が嫌いだ	~을/를 싫어하다	～ができる	~을/를 할 수 있다
～が上手だ	~을/를 잘하다	～に乗る	~을/를 타다
～が下手だ	~을/를 못하다	～に会う	~을/를 만나다

→ と vs や

机の上にペンとノートがあります。 책상 위에 펜과 노트가 있습니다. ('이외에는 없다' 뉘앙스)

机の上にペンやノートなどがあります。 책상 위에 펜이랑 노트 등이 있습니다. ('이외에도 있다' 뉘앙스)

→ ～に行く vs ～へ行く

둘 다 '~에 가다'라는 뜻으로 약간 차이가 있습니다. 일상에서는 두 가지 비슷하게 쓰이는 경우가 많습니다!

～に行く : 목적지나 목표가 구체적일 때 사용해요.

学校に行きます。 학교에 갑니다. (학교에 공부를 '목적'으로 간다는 느낌)

～へ行く : 가는 방향을 나타내고, 목적이 덜 구체적이에요.

学校へ行きます。 학교에 갑니다. (학교라는 방향으로 향한다는 느낌)

단어 時間 시간 | ドラマ 드라마 | ペン 펜 | ノート 노트 | 公園 공원 | 本屋 서점 | 窓 창문 | 風 바람

헷갈리기 쉬운 조사

~ほど	~만큼, ~정도	眩(まぶ)しいほどきれいな彼女(かのじょ)　눈부실 정도로 예쁜 그녀
	~할수록	多(おお)ければ多(おお)いほど　많으면 많을수록
~など	~등	りんごやバナナなど　사과랑 바나나 등
~だけ	~만, 뿐 + 긍정	一(ひと)つだけあります。　하나만 있습니다.
~しか	~밖에 + 부정	一(ひと)つしかありません。　하나밖에 없습니다.
~ずつ	~씩	一(ひと)つずつください。　하나씩 주세요.

문장 끝에 쓰는 조사

~よ	~이야(주장강조)	これ、おいしいよ。　이거, 맛있어.
~ね	~군요(확인, 동의)	あなたも知(し)ってますね。　당신도 알고 있군요.
~の	↗(확인)	どこへ行(い)くの↗　어디에 가?
	↘(단정)	コンビニへ行(い)くの↘　편의점에 가.
~な(なあ)	~구나(혼잣말)	海(うみ)へ行(い)きたいなあ。　바다에 가고 싶구나.
	~하지(감정)	そう言(い)われると、困(こま)るな。　그렇게 말하면 곤란하지.
~わ (女)	~라(감동)	まあ、きれいだわ。　어머, 예뻐라.
	~이야(가벼운주장)	あたし行(い)かないわ。　나 안 가.
~さ	~겠지(가벼운주장)	なるようになるさ。　될 대로 되겠지.
~ぞ (男)	~할 테다(강한주장)	絶対(ぜったい)負(ま)けないぞ。　절대 지지 않을 테다.
~かしら (女)	~일까?	これあたしに似合(にあ)うかしら。　이거 나한테 어울릴까?
~もの (~もん)	~란 말이야(불평)	あの人(ひと)、怖(こわ)そうだもん。　저 사람 무서울 것 같단 말이야.
~っけ	~지, ~던가(확인)	あげたっけ？　줬던가?
~って	~래(전문)	合格(ごうかく)したって。　합격했대.

~よね	~지?(사실확인)	先週会ったよね。 지난주에 만났지?
~かな	~일까, ~려나(혼잣말)	こっちの方がいいかな。 이게 더 좋으려나?

→ だけ vs しか

모두 '~만'으로 해석되어 자주 헷갈려하는 부분입니다.
「だけ」는 긍정문에서 쓰이며 '오직 ~만'이라는 의미이고, 「しか」는 부정문에서 쓰이며 '오직 ~밖에'라는 의미입니다.

水だけ飲みました。 물만 마셨습니다.

水しか飲みませんでした。 물밖에 마시지 않았습니다.

→ よ vs ね vs よね 뉘앙스 차이

明日、学校は休みだよ。 내일 학교 쉬는 날이야.

→ 상대방이 모를 수 있는 새로운 정보를 강하게 알려줄 때 사용해요.

明日、学校は休みだね。 내일 학교 쉬는 날이지, 그렇지?

→ 상대방도 이 사실을 알고 있거나, 같이 공감해 주기를 바라는 말투예요.

明日、学校は休みだよね。 내일 학교 쉬는 날이지, 맞지?

→ 내가 알고 있는 정보를 말하면서, 상대방도 맞다고 확인해 주기를 원할 때 쓰는 말투예요.

→ 여성적 종조사 vs 남성적 종조사

여성적 종조사 : 부드럽고 친근한 느낌을 주는 「わ」, 「の」 등이 문장 마지막에 사용됩니다.
남성적 종조사 : 직설적이고 강한 느낌을 주는 「ぞ」, 「だ」 등이 문장 마지막에 사용됩니다.

今日は寒いね。 오늘은 춥지?

이 문장을 종조사로 어떻게 다르게 표현할 수 있는지 봅시다.

今日は寒いわ。 오늘 춥네. 부드럽고 여성적인 느낌

今日は寒いの。 오늘 추워. 친근하고 부드러운 어조로 여성이나 어린이가 많이 사용함

今日は寒いぞ。 오늘 춥다! 남성적이고 강한 어조로 상대방에게 확실히 전달하는 느낌

今日は寒いんだ。 오늘 춥다. 상황을 확실히 말하는 느낌으로, 남성적이고 단정적인 어조

단어 眩しい 눈부시다 | バナナ 바나나 | 一つ 하나, 한 개 | 困る 곤란하다 | 負ける 지다 | 怖い 무섭다 | 合格 합격 | 先週 지난주

실생활 대표 10문장

MP3

1 아이가 길에서 놀고 있습니다.

子供(こども)が道(みち)で遊(あそ)んでいます。

2 나의 것은 어느 것입니까?

私(わたし)のはどれですか。

3 우리는 백화점에서 쇼핑을 합니다.

私(わたし)たちはデパートで買(か)い物(もの)をします。

4 상자 안에 사과가 있다.

箱(はこ)の中(なか)にりんごがある。

5 7시에 도쿄역에서 만납시다.

７時(しちじ)に東京駅(とうきょうえき)で会(あ)いましょう。

6 이 짐을 다나카 씨에게 건네주세요.

この荷物(にもつ)を田中(たなか)さんに渡(わた)してください。

7 어제 서울에 갔다 왔습니다.

昨日(きのう)、ソウルへ行(い)ってきました。

8 나와 결혼해주세요.

僕(ぼく)と結婚(けっこん)してください。

9 책상 위에는 아무것도 없습니다.

机(つくえ)の上(うえ)には何(なに)もありません。

10 저 가게에서는 라멘이나 우동이나 초밥 등을 팔고 있습니다.

あの店(みせ)ではラーメンやうどんやすしなどを売(う)っています。

단어

- 道(みち) 길
- どれ 어느 것
- 箱(はこ) 상자
- 荷物(にもつ) 짐
- 渡(わた)す 건네다
- 結婚(けっこん) 결혼
- 何(なに)も 아무것도
- 店(みせ) 가게
- うどん 우동, 가락국수
- 売(う)る 팔다

연습문제

MP3

1 괄호 안에 들어갈 가장 알맞은 조사를 보기에서 골라 써 넣으세요.

보기 や の に から まで も など

❶ 私は昨日友達 (　　　　　) 家 (　　　　　) 遊びに行きました。

나는 어제 친구 집에 놀러 갔습니다.

❷ 昨日は忙しくて何 (　　　　　) 食べませんでした。

어제는 바빠서 아무것도 먹지 않았습니다.

❸ 家 (　　　　　) 学校 (　　　　　) 歩いて10分かかります。

집에서 학교까지 걸어서 10분 걸립니다.

❹ 机 (　　　　　) 下 (　　　　　) 猫が三匹います。

책상 아래에 고양이가 세 마리 있습니다.

2 아래 문장의 빈칸에 알맞은 말을 써 넣으세요.

❶ 어디에 가? / 오사카에 가.

どこへ行く (　　　　　) ? / 大阪へ行く (　　　　　)。

❷ 절대 지지 않을 테다. 絶対負けない (　　　　　)。

❸ 그녀는 예쁘군요. 彼女はきれいです (　　　　　)。

❹ 이번 여름방학에는 하와이에 가고 싶구나.

今度の夏休みにはハワイへ行きたい (　　　　　)。

단어 遊びに行く 놀러 가다 | 歩く 걷다 | かかる (시간이)걸리다 | 今度 이번 | 夏休み 여름방학 | ハワイ 하와이

자동사와 타동사

일본어에는 자동사-타동사 쌍이 많아서, 이들을 묶어서 공부하는 것이 효과적입니다.
아래 표와 같이 자동사와 타동사는 끝나는 부분에 '패턴'이 있어요. 물론 예외도 있지만 패턴을 인식하면서 외우면 구분하는 데 도움이 될 거예요.

패턴	자동사		타동사	
-iる / -oす	起(お)きる	일어나다	起(お)こす	일으키다
	落(お)ちる	떨어지다	落(お)とす	떨어뜨리다
-eる / -る	切(き)れる	끊어지다	切(き)る	끊다
	割(わ)れる	깨지다	割(わ)る	깨뜨리다
-eる / -aす	出(で)る	나오다	出(だ)す	내다
	増(ふ)える	늘다	増(ふ)やす	늘리다
-u / -eる	開(あ)く	열리다	開(あ)ける	열다
	並(なら)ぶ	늘어서다	並(なら)べる	늘어놓다
-れる / -す	流(なが)れる	흐르다	流(なが)す	흘리다
	壊(こわ)れる	부서지다	壊(こわ)す	부수다
-oる / -oす	残(のこ)る	남다	残(のこ)す	남기다
	治(なお)る	낫다	治(なお)す	고치다
-aる / -eる	上(あ)がる	오르다	上(あ)げる	올리다
	始(はじ)まる	시작되다	始(はじ)める	시작하다
	決(き)まる	정해지다	決(き)める	정하다
-u / -aす	動(うご)く	움직이다	動(うご)かす	움직이게 하다
	減(へ)る	줄다	減(へ)らす	줄이다
예외	なる	되다	する	하다
	入(はい)る	들어가다	入(い)れる	넣다

자동사	타동사
ドアが開(あ)く　문이 열리다	ドアを開(あ)ける　문을 열다
電気(でんき)がつく　전기가 켜지다	電気(でんき)をつける　전기를 켜다
火(ひ)が消(き)える　불이 꺼지다	火(ひ)を消(け)す　불을 끄다
会議(かいぎ)が始(はじ)まる　회의가 시작되다	会議(かいぎ)を始(はじ)める　회의를 시작하다

자동사

자연적인 힘의 영향으로 어떤 사태가 일어나는 것을 말합니다.
일반적으로 목적어 「～を(~을/를)」가 붙지 않습니다.

타동사

사람의 의지나 의도에 의해 어떤 사태가 일어나는 것을 말해요.
일반적으로 목적어 「～を(~을/를)」가 붙는다는 특징이 있습니다.

진행과 상태

자동사와 타동사 뒤에 「～ている」나 「～てある」를 붙여 진행이나 상태를 말할 수 있습니다.

구분	형태
진행 ~하고 있다	～を + 타동사 + ている
상태 ~되어 있다, ~해 있다	～が + 자동사 + ている (자연적 결과)
	～が + 타동사 + てある (인위적 결과)

窓(まど)を開(あ)けている。 창문을 열고 있다. (지금 현재 열고 있는 진행)

窓(まど)が開(あ)いている。 창문이 열려 있다. (바람 등으로 자연적으로 열린 상태)

窓(まど)が開(あ)けてある。 창문이 열려 있다. (누군가 인위적으로 열어 놓은 상태)

ドア 문 | 火(ひ) 불

실생활 대표 10문장

MP3

1 차가 멈추다. / 차를 세우다.

車(くるま)が止(と)まる。/ 車(くるま)を止(と)める。

2 지갑이 떨어지다. / 지갑을 떨어뜨리다.

財布(さいふ)が落(お)ちる。/ 財布(さいふ)を落(お)とす。

3 문이 열리다. / 문을 열다.

ドアが開(あ)く。/ ドアを開(あ)ける。

4 수업이 시작되다. / 수업을 시작하다.

授業(じゅぎょう)が始(はじ)まる。/ 授業(じゅぎょう)を始(はじ)める。

5 카메라가 부서지다. / 카메라를 부수다.

カメラが壊(こわ)れる。/ カメラを壊(こわ)す。

6 아, 춥다고 했더니 창문이 열려 있군요.

あ、寒(さむ)いと思(おも)ったら、窓(まど)が開(あ)いていますね。

7 지갑은 의자 위에 놓여 있어요.

財布(さいふ)は椅子(いす)の上(うえ)に置(お)いてありますよ。

8 방에 전기(불)가 켜져 있어요.

部屋(へや)に電気(でんき)がついていますよ。

9 벽에 그림이 걸려 있습니다.

壁(かべ)に絵(え)がかけてあります。

10 지도가 붙여져 있습니다.

地図(ちず)が貼(は)ってあります。

단어

財布(さいふ) 지갑

カメラ 카메라

~と思(おも)ったら ~라고 했더니

椅子(いす) 의자

置(お)く 두다, 놓다

電気(でんき)がつく 전기가 켜지다

壁(かべ) 벽

絵(え) 그림

かける 걸다

地図(ちず) 지도

貼(は)る 붙이다

연습문제

MP3

1 が와 を 중에서 적절한 것을 써 넣으세요.

❶ 事件(じけん) □ 起(お)きる / 事件(じけん) □ 起(お)こす

❷ 火(ひ) □ 消(き)える / 火(ひ) □ 消(け)す

❸ ドア □ 閉(し)める / ドア □ 閉(し)まる

❹ 病気(びょうき) □ 治(なお)る / 病気(びょうき) □ 治(なお)す

2 보기 예문과 같이 자동사 문장을 타동사 문장으로 바꾸세요.

보기 車(くるま)が止(と)まりました。→ 車を止めました。

❶ 学生(がくせい)が集(あつ)まりました。→ 学生を (　　　　　　　　)。

❷ 電気(でんき)がつきました。→ 電気を (　　　　　　　　)。

❸ 弟(おとうと)のおもちゃが壊(こわ)れました。→ 弟のおもちゃを (　　　　　　　　)。

❹ 旅行(りょこう)の予定(よてい)が決(き)まりました。→ 旅行の予定を (　　　　　　　　)。

단어 事件(じけん) 사건 | 病気(びょうき) 병 | 閉(し)まる 닫히다 | 閉(し)める 닫다 | 集(あつ)まる 모이다 | 集(あつ)める 모으다 | おもちゃ 장난감 | 旅行(りょこう) 여행 | 決(き)まる 정해지다 | 決(き)める 정하다

～んです ～인 거예요, ～예요

간단하게 공부하기

보통형 + んです

명사	현재	すしなんです	초밥인 거예요
	과거	すしだったんです	초밥이었던 거예요
	현재 부정	すしじゃないんです	초밥이 아닌 거예요
	과거 부정	すしじゃなかったんです	초밥이 아니었던 거예요
い형용사	현재	おいしいんです	맛있는 거예요
	과거	おいしかったんです	맛있었던 거예요
	현재 부정	おいしくないんです	맛있지 않은 거예요
	과거 부정	おいしくなかったんです	맛있지 않았던 거예요
な형용사	현재	しんせつなんです	친절한 거예요
	과거	しんせつだったんです	친절했던 거예요
	현재 부정	しんせつじゃないんです	친절하지 않은 거예요
	과거 부정	しんせつじゃなかったんです	친절하지 않았던 거예요
동사	현재	たべるんです	먹을 거예요
	과거	たべたんです	먹었던 거예요
	현재 부정	たべないんです	먹지 않을 거예요
	과거 부정	たべなかったんです	먹지 않았던 거예요

꼼꼼하게 공부하기

「～んです」는「～のです」의 회화체 표현으로, 설명하거나 강조하는 느낌을 줍니다.
반말은「～んだ」(~인 거야, ~야)입니다.
설명할 때, 원인이나 이유를 답할 때, 뒤에 무언가 더 할 말이 있을 때, 그 밖에 주장, 놀람, 의심, 책망, 명령, 발견 등 다양한 상황에서 쓰이는 표현입니다.

日本に行ったことがありますか。 일본에 간 적이 있습니까?
(일본에 간 적이 있는지 사실 확인)

日本に行ったことがあるんですか。 일본에 간 적이 있는 거예요?
(일본어를 잘해서 놀란 감정도 포함)

～んです 예문 살펴보기 MP3

1 どうしたんですか。 무슨 일인 거예요?

2 彼のことが好きなんです。 그를 좋아하는 거예요.

3 彼は出張中なんです。 그는 출장 중이에요.

4 彼も行くんですか。 그도 가는 거예요?

5 体の調子が悪いんです。 몸 상태가 나빠요.

6 日本語が話せるんですか。 일본어를 말할 수 있는 거예요?

～のことが好きだ ~의 일(전반적인, 모든 것)을 좋아하다 | 出張中 출장 중 | 体 몸 | 調子 상태 | 悪い 나쁘다 | 話せる 말할 수 있다

활용 연습문제

1 빈칸을 일본어로 완성해 보세요.

명사	현재	편의점인 거예요	コンビニなんです
	과거	편의점이었던 거예요	
	현재 부정	편의점이 아닌 거예요	
	과거 부정	편의점이 아니었던 거예요	
い형용사	현재	비싼 거예요	高(たか)いんです
	과거	비쌌던 거예요	
	현재 부정	비싸지 않은 거예요	
	과거 부정	비싸지 않았던 거예요	
な형용사	현재	편리한 거예요	便利(べんり)なんです
	과거	편리했던 거예요	
	현재 부정	편리하지 않은 거예요	
	과거 부정	편리하지 않았던 거예요	
동사	현재	쓸 거예요	書(か)くんです
	과거	썼던 거예요	
	현재 부정	쓰지 않는 거예요	
	과거 부정	쓰지 않았던 거예요	

명사	현재	의사인 거예요	医者(いしゃ)なんです
	과거	의사였던 거예요	
	현재 부정	의사가 아닌 거예요	
	과거 부정	의사가 아니었던 거예요	
い형용사	현재	추운 거예요	寒(さむ)いんです
	과거	추웠던 거예요	
	현재 부정	춥지 않은 거예요	
	과거 부정	춥지 않았던 거예요	
な형용사	현재	조용한 거예요	静(しず)かなんです
	과거	조용했던 거예요	
	현재 부정	조용하지 않은 거예요	
	과거 부정	조용하지 않았던 거예요	
동사	현재	마실 거예요	飲(の)むんです
	과거	마셨던 거예요	
	현재 부정	마시지 않는 거예요	
	과거 부정	마시지 않았던 거예요	

실생활 대표 10문장

MP3

1 누가 파티에 간 거예요?

誰(だれ)がパーティーへ行(い)ったんですか。

2 아무도 갈 수 없었어요.

誰(だれ)も行(い)けなかったんです。

3 공무원이 나의 꿈이에요.

公務員(こうむいん)が私(わたし)の夢(ゆめ)なんです。

4 오늘은 빨리 돌아갈게. 결혼기념일이거든.

今日(きょう)は早(はや)く帰(かえ)るね。結婚記念日(けっこんきねんび)なんだ。

5 저 연예인은 유명했어요.

あの芸能人(げいのうじん)は有名(ゆうめい)だったんです。

6 그는 지금 외출 중이예요.

彼(かれ)は今外出中(いまがいしゅつちゅう)なんです。

7 왜 안 먹는 거예요? / 실은 매운 요리는 잘 못 먹어요.

どうして食(た)べないんですか。/ 実(じつ)は辛(から)い料理(りょうり)は苦手(にがて)なんです。

8 출장으로 온 거예요?

出張(しゅっちょう)で来(き)たんですか。

9 아니요, 휴가를 낸 거예요.

いいえ、休(やす)みを取(と)ったんです。

10 우체국에 가고 싶은데요, 여기에서 어떻게 가면 됩니까?

郵便局(ゆうびんきょく)へ行(い)きたいんですが、ここからどうやって行(い)けばいいですか。

단어

- 誰(だれ) 누구
- パーティー 파티
- 誰(だれ)も 누구도, 아무도
- 行(い)ける 갈 수 있다
- 公務員(こうむいん) 공무원
- 結婚記念日(けっこんきねんび) 결혼기념일
- 芸能人(げいのうじん) 연예인
- 有名(ゆうめい)だ 유명하다
- 外出中(がいしゅつちゅう) 외출 중
- 実(じつ)は 실은
- 苦手(にがて)だ 서툴다, 못하다
- 休(やす)みを取(と)る 휴가를 내다
- どうやって 어떻게
- 行(い)けば 가면

MP3

1 아래 동사를 「～んです」 문장으로 완성하세요.

❶ どうしましたか。 → ______________________。

❷ ここは有名でした。 → ______________________。

❸ 日本語が上手じゃないです。 → ______________________。

❹ 誰がパーティーへ行きますか。 → ______________________。

2 주어진 문장을 보기와 같이 「～んです」를 써서 완성해보세요.

보기 (자주 일본에 오는 것 같다고 하자)

今度は出張で来ました。

→ 今度は出張で来たんです。

❶ (일본어를 왜 그렇게 잘하냐는 질문에 대해)

日本に住んでいました。

→ 日本に ______________________。

❷ (그 앞에서 왜 얼굴이 빨개지냐는 질문에 대해)

実は彼のことが好きです。

→ 実は彼のことが ______________________。

❸ (오늘 회식에 참석하지 않는 이유를 묻자)

今日は妻の誕生日です。

→ 今日は妻の ______________________。

❹ (왜 앞니가 없냐고 묻자)

転んだ時、歯が折れました。

→ 転んだ時、歯が ______________________。

단어 上手だ 잘하다 | 住む 살다 | 妻 처, 아내 | 転ぶ 넘어지다 | 歯が折れる 이가 부러지다

궁금증 해결소! 무엇이든 물어보세요

です vs んです

공부하기 쉽게 「~です」만 쓰면 되지, 왜 「~んです」를 쓰는지 잘 모르겠다는 질문들이 많았습니다. 사람이 나누는 회화는 감정과 상황 등 여러 요소를 담고 있기에 「~です」와 「~ます」만으로 표현하기에는 한계가 있답니다. 「~んです」는 더욱 회화를 다채롭고 풍부하게 만들어 회화의 맛을 살려주는 도구라고 생각하면 됩니다.

です	んです
❶ 단순히 사실을 전달하는 기능 ❷ 명사, い형용사, な형용사에만 접속 (동사는 ます 접속) ❸ 회화체, 문장체 모두 사용	❶ 이유를 설명하는 문장으로 강조하는 기능 ❷ 명사, い형용사, な형용사, 동사 모두 접속 ❸ 회화체만 사용
映画(えいが)のチケットがあります。 영화 티켓이 있습니다. → 단순히 '영화 티켓이 있다'는 사실만을 전달	映画(えいが)のチケットがあるんです。 영화 티켓이 있어서요. → '같이 보러 가지 않을래요?' 혹은 '전 필요 없는데 드릴까요?' 등 뒷말이 이어짐
日本(にほん)に住(す)んでいましたか。 일본에 살았습니까? → '일본에 살았는지 아닌지'의 사실 여부만 확인	日本(にほん)に住(す)んでいたんですか。 일본에 살았던 거예요? → 일본어를 잘해서 놀라며 '과연 일본에 살았군요'라는 감정(놀람) 내포

「~んです」는 아무래도 이유, 설명 등을 '강조'하는 느낌이 있기 때문에 남용하면 주장이 강한 사람으로 오해받을 수도 있습니다. 그러니 센스 있게 적절히 사용하는 것을 추천합니다.

チケット 티켓

팁 일본어 공부

듣기, 말하기, 읽기, 쓰기
뭐부터 해야 할까요?

여러분은 위의 네 가지 기능 중에 무엇이 가장 중요하다고 생각하세요?
일본인과 바로 이야기를 하면 좋으니 누군가는 '말하기'가 가장 중요하다고 생각할 수 있겠네요.

하지만 착각하기 쉬운 게 하나 있어요.
말하기만 죽어라 공부한다고 말하기가 잘 되는 것이 절대 아니라는 점입니다. 인풋(input)이 있어야 아웃풋(output)도 있는 거거든요!

우선 잘 들어야 답변도 잘할 수 있습니다.
그러니까 말하기에 앞서, 잘 듣는 것이 선행되어야 합니다.

실제 일본인과 일본어가 쓰인 문서나 사진을 보며 이야기하는 경우, 일본 가게에서 뭔가를 주문할 때 메뉴판을 보는 경우 등 막상 말할 때도 읽어야 할 것투성이입니다. 읽지 못하면 말할 수 없고, 살면서 불편한 경우도 많이 있습니다.

결국 하나의 기능만을 죽어라 연마한다고 잘되는 것이 아닙니다. 듣기와 읽기, 말하기와 쓰기는 서로 유기적으로 연관되어 있고, 서로서로 도움을 주는 것이죠.

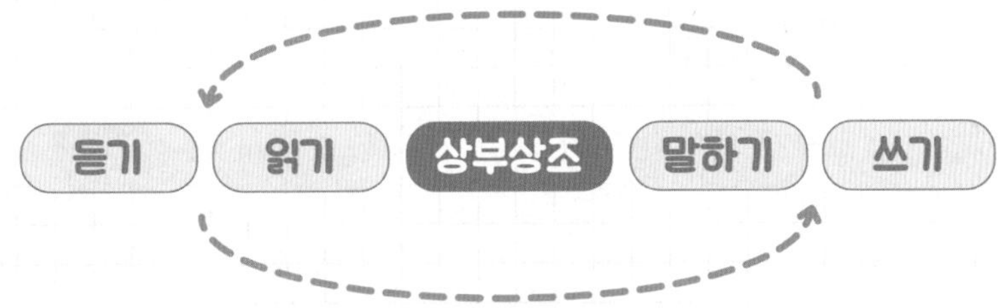

그러니까 이런저런 고민하지 마시고 인풋(듣기, 읽기) 과정을 많이 겪으세요. 그러면 당연히 누가 말하지 말라고 해도 누가 쓰지 말라고 해도 아웃풋(말하기, 쓰기)을 하게 될 테니까요.

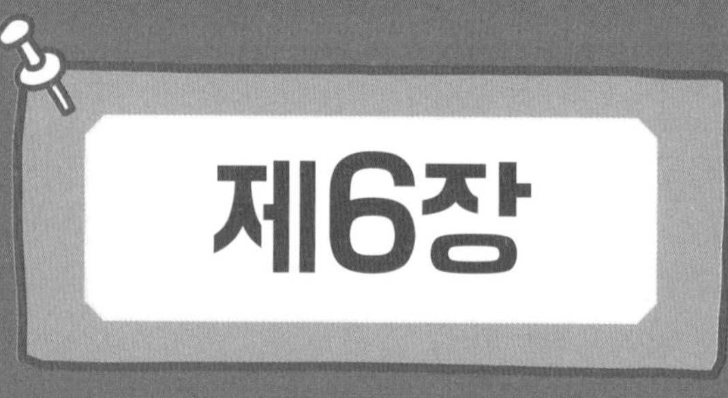

제6장

네이티브로 향하는 동사 2단계

· 동사 가능형 ~할 수 있다

· 동사 가정형 ~하면

· 동사 의지형 ~하려고, ~해야지 / ~하자

· 동사 명령형 ~해

동사 가능형 ~할 수 있다

간단하게 공부하기

1그룹	2그룹	3그룹
う단 → え단 + る	る → られる	来(く)る → 来(こ)られる する → できる

활용 문장

MP3

1	納豆(なっとう)が食(た)べられますか。	낫토를 먹을 수 있습니까?
2	好(す)きな人(ひと)に好(す)きだと言(い)えますか。	좋아하는 사람에게 좋아한다고 말할 수 있습니까?
3	私(わたし)は辛(から)い料理(りょうり)は食(た)べられません。	나는 매운 요리는 먹을 수 없습니다.
4	私(わたし)は朝早(あさはや)く起(お)きられる。	나는 아침 일찍 일어날 수 있다.
5	ピアノが弾(ひ)けますか。	피아노를 칠 수 있습니까?
6	この映画(えいが)は子供(こども)も見(み)られますよ。	이 영화는 어린이도 볼 수 있어요.

단어 納豆(なっとう) 낫토 | 朝早(あさはや)く 아침 일찍 | 子供(こども) 아이, 어린이

꼼꼼하게 공부하기

가능형은 '~할 수 있다'로 해석되며, '영어를 말할 수 있다'처럼 능력과 '비행기가 뜰 수 있다'처럼 가능성을 나타낼 수 있습니다.

1그룹 (나머지 동사)		2그룹 (i+る/e+る 동사)		3그룹 (암기 동사)
う단 → え단 + る		る → られる		来(く)る → 来(こ)られる する → できる
買(か)う 사다	買(か)える	いる 있다	いられる	
行(い)く 가다	行(い)ける	見(み)る 보다	見(み)られる	
話(はな)す 이야기하다	話(はな)せる	起(お)きる 일어나다	起(お)きられる	
待(ま)つ 기다리다	待(ま)てる	食(た)べる 먹다	食(た)べられる	
死(し)ぬ 죽다	死(し)ねる	寝(ね)る 자다	寝(ね)られる	
遊(あそ)ぶ 놀다	遊(あそ)べる	教(おし)える 가르치다	教(おし)えられる	
飲(の)む 마시다	飲(の)める			
読(よ)む 읽다	読(よ)める			
泳(およ)ぐ 수영하다	泳(およ)げる			
乗(の)る 타다	乗(の)れる			

う단에서 え단으로 바꾸는 방법

	あ	か	さ	た	な	は	ま	や	ら	わ	ん
	い	き	し	ち	に	ひ	み		り		
う단	う	く	す	つ	ぬ	ふ	む	ゆ	る		
え단	え	け	せ	て	ね	へ	め		れ		
	お	こ	そ	と	の	ほ	も	よ	ろ	を	

~が + 가능형 ~을/를 할 수 있다

원래 조사 「~が」는 '~이/가'라는 뜻입니다. 하지만 가능형과 함께 쓰일 때는 '~을/를'로 해석합니다.

食(た)べることができる = 食(た)べられる

「~ことができる」는 '~하는 것이 가능하다'라는 뜻으로, 주로 딱딱한 상황이나 공적인 문서에서 많이 사용합니다. 특히 공공기관의 안내문, 공식적인 지침이나 설명에서 자주 보입니다. 일상 대화에서는 「~(ら)れる」가 붙은 가능형을 더 자주 씁니다.

활용 연습문제

1 빈칸을 일본어로 완성해보세요.

★는 예외 1그룹 동사입니다!

기본형	읽는 법	뜻	분류	가능형
買う	かう	사다	1그룹	買える
会う	あう	만나다		
待つ	まつ	기다리다		
休む	やすむ	쉬다		
作る	つくる	만들다		
帰る★	かえる	돌아가다(돌아오다)		
乗る	のる	타다		
死ぬ	しぬ	죽다		
遊ぶ	あそぶ	놀다		
呼ぶ	よぶ	부르다		
飲む	のむ	마시다		
書く	かく	쓰다		
行く	いく	가다		
泳ぐ	およぐ	수영하다		
話す	はなす	이야기하다		
起きる	おきる	일어나다		
食べる	たべる	먹다		
来る	くる	오다		
する	する	하다		

2 단어를 활용하여 해석에 적합한 문장으로 바꿔주세요.

❶ 생선회를 먹을 수 없습니다. 刺身(さしみ) | 食(た)べる

刺身が ______________________________。

❷ 차를 운전할 수 있습니까? 車(くるま) | 運転(うんてん) | する

______________________________。

❸ 김치를 만들 수 있습니까? キムチ | 作(つく)る

______________________________。

❹ 100미터를 15초로 달릴 수 있습니다. 100(ひゃく)メートル | 15秒(じゅうごびょう)で | 走(はし)る

100メートルを ______________________________。

❺ 택배는 편의점에서도 보낼 수 있어. 宅配(たくはい) | コンビニ | 送(おく)る

______________________________。

단어 刺身(さしみ) 생선회 | 運転(うんてん) 운전 | メートル 미터(m) | 秒(びょう) 초 | 宅配(たくはい) 택배 | 送(おく)る 보내다

실생활 대표 10문장

MP3

1 일본어는 할 수 있습니다만, 영어는 할 수 없습니다.

日本語(にほんご)はできますが、英語(えいご)はできません。

2 이제 더 이상 못 먹어.

もうこれ以上(いじょう)食(た)べられないよ。

3 저는 매운 요리는 먹을 수 없습니다.

私(わたし)は辛(から)い料理(りょうり)は食(た)べられません。

4 주말이라면 언제든 만날 수 있다.

週末(しゅうまつ)ならいつでも会(あ)える。

5 졸릴 때는 어디에서라도 잘 수 있다.

眠(ねむ)い時(とき)はどこででも寝(ね)られる。

6 인터넷으로 일본 뉴스를 볼 수 있다.

インターネットで日本(にほん)のニュースが見(み)られる。

7 딸은 아직 젓가락을 사용할 수 없습니다.

娘(むすめ)はまだ箸(はし)が使(つか)えません。

8 바다에서 수영할 수 있습니까?

海(うみ)で泳(およ)げますか。

9 당신을 만날 수 있어 다행이야.

あなたに会(あ)えてよかった。

10 술은 그다지 마실 수 없습니다만, 분위기는 좋아합니다.

お酒(さけ)はあまり飲(の)めませんが、雰囲気(ふんいき)は好(す)きです。

단어

- これ以上(いじょう) 더 이상
- 週末(しゅうまつ) 주말
- ~なら ~라면
- いつでも 언제라도, 언제든
- 眠(ねむ)い 졸리다
- どこ 어디
- インターネット 인터넷
- ニュース 뉴스
- 娘(むすめ) 딸
- まだ 아직
- 箸(はし) 젓가락
- 使(つか)う 사용하다
- ~てよかった ~해서 다행이다
- あまり 그다지
- 雰囲気(ふんいき) 분위기

MP3

1 아래 동사를 문장에 맞게 완성하세요.

❶ 남자아이는 자전거를 탈 수 있어요.

乗る → 男の子は自転車に ＿＿＿＿＿＿ よ。

❷ 오늘 회식에 갈 수 있어요?

行く → 今日の飲み会に ＿＿＿＿＿＿ か。

❸ 드디어 친구와 만날 수 있어요.

会う → やっと友達と ＿＿＿＿＿＿ よ。

❹ 이 한자 읽을 수 있습니까?

読む → この漢字、＿＿＿＿＿＿ か。

2 보기의 동사를 사용하여 아래 문장을 완성해보세요.

보기 いる する 飲む 食べる 触る

❶ 이 카페는 심야 3시까지 있을 수 있다.

このカフェは深夜3時まで ＿＿＿＿＿＿ 。

❷ 다음 주 퇴원할 수 있다.

来週退院 ＿＿＿＿＿＿ 。

❸ 편의점에서는 라멘도 먹을 수 있고, 술도 마실 수 있습니다.

コンビニではラーメンも ＿＿＿＿＿＿ し、お酒も ＿＿＿＿＿＿ 。

❹ 이 동물원은 동물을 만질 수 있습니다.

この動物園は動物を ＿＿＿＿＿＿ ことができます。

단어 男の子 남자 아이 | 自転車 자전거 | 飲み会 회식 | やっと 드디어 | 漢字 한자 | カフェ 카페 | 深夜 심야 | 来週 다음 주 | 退院 퇴원 | ～し ～하고 | 動物園 동물원 | 触る 만지다

동사 가정형 ~하면

간단하게 공부하기

1그룹	2그룹	3그룹
う단 → え단 + ば	る → れば	来(く)る → 来(く)れば する → すれば

활용 문장 MP3

1	これを読(よ)めば分(わ)かる。	이것을 읽으면 알 수 있다.
2	どうすればいいでしょうか。	어떻게 하면 좋을까요?
3	このケーキ食(た)べれば、きっと太(ふと)るよ。	이 케이크 먹으면 분명 살찔 거야.
4	雨(あめ)が降(ふ)れば、キャンプは中止(ちゅうし)です。	비가 내리면 캠핑은 취소입니다.
5	勉強(べんきょう)すれば成績(せいせき)が上(あ)がる。	공부하면 성적이 오른다.
6	この本(ほん)は読(よ)めば読(よ)むほど難(むずか)しい。	이 책은 읽으면 읽을수록 어렵다.

～でしょうか ~일까요? | きっと 분명 | ケーキ 케이크 | 雨(あめ)が降(ふ)る 비가 내리다 | キャンプ 캠핑 | 中止(ちゅうし) 중지, 취소 | ～ば ～ほど ~하면 ~할수록 | 難(むずか)しい 어렵다

꼼꼼하게 공부하기

「ば」 가정형은 '(만약) ~하면'의 의미를 표현할 때 사용하는 가장 일반적이고 대표적인 표현입니다. 앞의 사건(전건)보다 뒤의 사건(후건)에 핵심이 있습니다. 동사 이외에 「学生(がくせい)ならば(학생이라면)」, 「おいしければ(맛있다면)」, 「暇(ひま)ならば(한가하다면)」처럼 명사, い형용사, な형용사에도 접속할 수 있습니다. 제8장에서 다시 배우게 됩니다.

1그룹 (나머지 동사)		2그룹 (i+る/e+る 동사)		3그룹 (암기 동사)
う단 → え단 + ば		る → れば		来(く)る → 来(く)れば する → すれば
買(か)う 사다	買(か)えば	いる 있다	いれば	
行(い)く 가다	行(い)けば	見(み)る 보다	見(み)れば	
話(はな)す 이야기하다	話(はな)せば	起(お)きる 일어나다	起(お)きれば	
待(ま)つ 기다리다	待(ま)てば	食(た)べる 먹다	食(た)べれば	
死(し)ぬ 죽다	死(し)ねば	寝(ね)る 자다	寝(ね)れば	
遊(あそ)ぶ 놀다	遊(あそ)べば	教(おし)える 가르치다	教(おし)えれば	
飲(の)む 마시다	飲(の)めば			
読(よ)む 읽다	読(よ)めば			
泳(およ)ぐ 수영하다	泳(およ)げば			
乗(の)る 타다	乗(の)れば			

う단에서 え단으로 바꾸는 방법											
	あ	か	さ	た	な	は	ま	や	ら	わ	ん
	い	き	し	ち	に	ひ	み		り		
う단	う	く	す	つ	ぬ	ふ	む	ゆ	る		
え단	え	け	せ	て	ね	へ	め		れ		
	お	こ	そ	と	の	ほ	も	よ	ろ	を	

～ば ～ほど ~하면 ~할수록

하나의 문형으로 외워도 좋습니다.

활용 연습문제

1 빈칸을 일본어로 완성해보세요.

★는 예외 1그룹 동사입니다!

기본형	읽는 법	뜻	분류	가정형
買う	かう	사다	1그룹	買えば
会う	あう	만나다		
待つ	まつ	기다리다		
休む	やすむ	쉬다		
作る	つくる	만들다		
帰る★	かえる	돌아가다(돌아오다)		
乗る	のる	타다		
死ぬ	しぬ	죽다		
遊ぶ	あそぶ	놀다		
呼ぶ	よぶ	부르다		
飲む	のむ	마시다		
書く	かく	쓰다		
行く	いく	가다		
泳ぐ	およぐ	수영하다		
話す	はなす	이야기하다		
起きる	おきる	일어나다		
食べる	たべる	먹다		
来る	くる	오다		
する	する	하다		

2 단어를 활용하여 해석에 적합한 문장으로 바꿔주세요.

❶ 설명서를 읽으면 알 수 있다. 説明書(せつめいしょ) | 読(よ)む | 分(わ)かる

説明書を ____。

❷ 비가 내리면 운동회는 취소입니다. 雨(あめ)が降(ふ)る | 運動会(うんどうかい) | 中止(ちゅうし)です

____。

❸ 시간이 있으면 책을 읽는다. 時間(じかん)がある | 本(ほん)を読(よ)む

____。

❹ 맑으면 섬이 보입니다. 晴(は)れる | 島(しま)が見(み)える

____。

❺ 약을 먹으면 낫습니다. 薬(くすり)を飲(の)む | 治(なお)る

____。

단어 説明書(せつめいしょ) 설명서 | 運動会(うんどうかい) 운동회 | 晴(は)れる 맑다, 맑아지다 | 島(しま) 섬

실생활 대표 10문장

MP3

1 시간이 있으면 영화를 본다.

時間(じかん)があれば映画(えいが)を見(み)る。

2 여기에서 어떻게 가면 됩니까?

ここからどうやって行(い)けばいいですか。

3 내일 여기에 오면 선생님을 만날 수 있습니다.

明日(あした)ここに来(く)れば、先生(せんせい)に会(あ)うことができます。

4 이 다리를 건너면 바다가 보입니다.

この橋(はし)を渡(わた)れば、海(うみ)が見(み)えます。

5 맑으면 여기에서 도쿄타워가 보인다.

晴(は)れればここから東京(とうきょう)タワーが見(み)える。

6 수술을 하면 낫습니다.

手術(しゅじゅつ)をすれば治(なお)ります。

7 [속담] 먼지도 쌓이면 산이 된다. (티끌 모아 태산)

ちりも積(つ)もれば山(やま)となる。

8 당신이 온다면 모두 기뻐할 것입니다.

あなたが来(く)ればみんな喜(よろこ)びます。

9 동료들이 협력해 주면 좀 더 빨리 할 수 있을 것이다.

仲間(なかま)たちが協力(きょうりょく)してくれれば、もっと早(はや)くできるだろう。

10 이 구두 보면 볼수록 갖고 싶어집니다.

この靴(くつ)見(み)れば見(み)るほどほしくなります。

단어

時間(じかん)がある 시간이 있다
橋(はし)を渡(わた)る 다리를 건너다
手術(しゅじゅつ) 수술
ちり 먼지
積(つ)もる 쌓이다
山(やま) 산
みんな 모두
喜(よろこ)ぶ 기뻐하다
仲間(なかま) 동료
~たち ~들
協力(きょうりょく)する 협력하다
~てくれる ~해 주다
~だろう ~일 것이다
靴(くつ) 구두
ほしい 원하다, 갖고 싶다
~くなる ~하게 되다, ~해지다

연습문제

MP3

1 아래 동사를 문장에 맞게 완성하세요.

❶ 우체국은 어떻게 가면 됩니까?

行(い)く → 郵便局(ゆうびんきょく)はどうやって ＿＿＿＿＿＿ いいですか。

❷ 감기는 자면 좋아집니다.

寝(ね)る → 風邪(かぜ)は ＿＿＿＿＿＿ よくなります。

❸ 일본어는 공부하면 할수록 재미있습니다.

する → 日本語(にほんご)は勉強(べんきょう) ＿＿＿＿＿＿ するほどおもしろいです。

❹ 만약 눈이 오면 가지 않을 겁니다.

降(ふ)る → もし雪(ゆき)が ＿＿＿＿＿＿ 行(い)きません。

2 보기의 동사를 사용하여 아래 문장을 완성해보세요.

보기 薬(くすり)を飲(の)む / 治(なお)る → 薬を飲めば治ります。

❶ この本(ほん)を読(よ)む / 分(わ)かる

→ ＿＿＿＿＿＿＿＿＿＿＿＿＿＿＿＿＿＿＿＿ 。

❷ 晴(は)れる / 富士山(ふじさん)が見(み)える

→ ＿＿＿＿＿＿＿＿＿＿＿＿＿＿＿＿＿＿＿＿ 。

❸ 時間(じかん)がある / 散歩(さんぽ)する

→ ＿＿＿＿＿＿＿＿＿＿＿＿＿＿＿＿＿＿＿＿ 。

❹ 先輩(せんぱい)に頼(たの)む / すぐできる

→ ＿＿＿＿＿＿＿＿＿＿＿＿＿＿＿＿＿＿＿＿ 。

단어 風邪(かぜ) 감기 | よくなる 좋아지다 | もし 만약 | 雪(ゆき) 눈 | 先輩(せんぱい) 선배 | 頼(たの)む 부탁하다 | すぐ 바로

동사 의지형 ~하려고, ~해야지 / ~하자

간단하게 공부하기

1그룹	2그룹	3그룹
う단 → お단 + う	る → よう	来(く)る → 来(こ)よう する → しよう

활용 문장 MP3

1	さくらを見(み)に行(い)こうと思(おも)います。	벚꽃을 보러 가려고 생각합니다.
2	一人(ひとり)でもさくらを見(み)に行(い)こう。	혼자서라도 벚꽃을 보러 가야지.
3	みんなでさくら見(み)に行(い)こう！	다 같이 벚꽃 보러 가자!
4	来月(らいげつ)からジムに通(かよ)おうと思(おも)う。	다음 달부터 헬스장에 다니려고 생각한다.
5	来月(らいげつ)からジムに通(かよ)おう。	다음 달부터 헬스장에 다녀야지.
6	一緒(いっしょ)に来月(らいげつ)からジムに通(かよ)おう。	같이 다음 달부터 헬스장에 다니자!

단어 さくら 벚꽃 | 一人(ひとり)でも 혼자서라도 | みんなで 모두 함께, 다 같이 | 来月(らいげつ) 다음 달 | 通(かよ)う 다니다

꼼꼼하게 공부하기

의지형은 자신이 어떤 행위를 하겠다는 의지를 나타내거나, 상대방에게 제안하거나 권유할 때 사용됩니다.

1그룹 (나머지 동사)		2그룹 (i+る/e+る 동사)		3그룹 (암기 동사)
う단 → お단 + う		る → よう		来(く)る → 来(こ)よう する → しよう
買(か)う 사다	買(か)おう	いる 있다	いよう	
行(い)く 가다	行(い)こう	見(み)る 보다	見(み)よう	
話(はな)す 이야기하다	話(はな)そう	起(お)きる 일어나다	起(お)きよう	
待(ま)つ 기다리다	待(ま)とう	食(た)べる 먹다	食(た)べよう	
死(し)ぬ 죽다	死(し)のう	寝(ね)る 자다	寝(ね)よう	
遊(あそ)ぶ 놀다	遊(あそ)ぼう	教(おし)える 가르치다	教(おし)えよう	
飲(の)む 마시다	飲(の)もう			
読(よ)む 읽다	読(よ)もう			
泳(およ)ぐ 수영하다	泳(およ)ごう			
乗(の)る 타다	乗(の)ろう			

う단에서 お단으로 바꾸는 방법

	あ	か	さ	た	な	は	ま	や	ら	わ	ん
	い	き	し	ち	に	ひ	み		り		
う단	う	く	す	つ	ぬ	ふ	む	ゆ	る		
	え	け	せ	て	ね	へ	め		れ		
お단	お	こ	そ	と	の	ほ	も	よ	ろ	を	

한 걸음 더!

의지 ~하려고, ~해야지	行こうと思う 가려고 생각하다
	行こう 가야지
권유 ~하자	行こう！ 가자!

「의지형 + と思う」는 '~하려고 생각하다'로 해석하면 됩니다. 그러나 의지형이 문장 끝에 올 때는 본인의 의지로 '~해야지'라고 해석할 수도 있고, '~하자'라는 권유의 형태로 해석할 수도 있어요.

활용 연습문제

1 빈칸을 일본어로 완성해 보세요.

★는 예외 1그룹 동사입니다!

기본형	읽는 법	뜻	분류	의지형
買う	かう	사다	1그룹	買おう
会う	あう	만나다		
待つ	まつ	기다리다		
休む	やすむ	쉬다		
作る	つくる	만들다		
帰る★	かえる	돌아가다(돌아오다)		
乗る	のる	타다		
死ぬ	しぬ	죽다		
遊ぶ	あそぶ	놀다		
呼ぶ	よぶ	부르다		
飲む	のむ	마시다		
書く	かく	쓰다		
行く	いく	가다		
泳ぐ	およぐ	수영하다		
話す	はなす	이야기하다		
起きる	おきる	일어나다		
食べる	たべる	먹다		
来る	くる	오다		
する	する	하다		

2 단어를 활용하여 해석에 적합한 문장으로 바꿔주세요.

❶ 내년 유학하려고 생각하고 있다. 来年(らいねん) | 留学(りゅうがく)する | と思(おも)う

来年 ______________________________。

❷ 감사의 마음을 전해야지. 感謝(かんしゃ) | 気持(きも)ち | 伝(つた)える

______________________________。

❸ 내일 데이트하자. 明日(あした) | デートする

______________________________。

❹ 12월에 일본어 시험을 치려고 생각하고 있습니다.
12月(じゅうにがつ)に | 日本語(にほんご) | 試験(しけん)を受(う)ける

______________________________。

❺ 이 가게에 또 오자. この店(みせ) | また | 来(く)る

______________________________。

단어 来年(らいねん) 내년 | 留学(りゅうがく) 유학 | 感謝(かんしゃ) 감사 | 気持(きも)ち 기분, 마음 | 伝(つた)える 전하다 | デート 데이트 | 試験(しけん)を受(う)ける 시험을 치다(보다) | また 또

실생활 대표 10문장

MP3

1 열심히 공부하려고 생각하고 있다.

一生懸命(いっしょうけんめい)勉強(べんきょう)しようと思(おも)っている。

2 일본어로 편지를 쓰려고 생각하고 있습니다.

日本語(にほんご)で手紙(てがみ)を書(か)こうと思(おも)っています。

3 매일 단어를 5개씩 외우려고 생각합니다.

毎日(まいにち)単語(たんご)を五(いつ)つずつ覚(おぼ)えようと思(おも)います。

4 이번 일요일 서울에 갔다 오려고 생각합니다.

今度(こんど)の日曜日(にちようび)ソウルへ行(い)って来(こ)ようと思(おも)います。

5 시골로 이사하려고 생각하고 있습니다.

田舎(いなか)に引(ひ)っ越(こ)そうと思(おも)っています。

6 열심히 공부해야지(공부하자).

一生懸命(いっしょうけんめい)勉強(べんきょう)しよう。

7 일본어로 편지를 써야지(쓰자).

日本語(にほんご)で手紙(てがみ)を書(か)こう。

8 매일 단어를 5개씩 외워야지(외우자).

毎日(まいにち)単語(たんご)を五(いつ)つずつ覚(おぼ)えよう。

9 이번 일요일 서울에 갔다 와야지(갔다 오자).

今度(こんど)の日曜日(にちようび)ソウルへ行(い)って来(こ)よう。

10 오늘부터 다이어트를 시작해야지(시작하자).

今日(きょう)からダイエットを始(はじ)めよう。

단어

一生懸命(いっしょうけんめい) 열심히

手紙(てがみ)を書(か)く 편지를 쓰다

単語(たんご) 단어

五(いつ)つ 5개

~ずつ ~씩

覚(おぼ)える 외우다

行(い)って来(く)る 갔다 오다

田舎(いなか) 시골

引(ひ)っ越(こ)す 이사하다

연습문제

MP3

1 아래 동사를 문장에 맞게 완성하세요.

❶ 역에서 가까운 빌라를 찾으려고 생각하고 있습니다.

探す(さがす) → 駅(えき)から近(ちか)いアパートを ＿＿＿＿＿＿＿＿ と思(おも)っています。

❷ 내일은 일찍 일어나야지.

起きる(おきる) → 明日(あした)は早(はや)く ＿＿＿＿＿＿＿＿。

❸ 슬슬 집에 가자.

帰る(かえる) → そろそろ家(うち)に ＿＿＿＿＿＿＿＿。

❹ 다 같이 모이자.

集まる(あつまる) → みんなで ＿＿＿＿＿＿＿＿。

2 보기의 동사를 사용하여 아래 문장을 완성해보세요.

보기 送(おく)る　する　並(なら)ぶ　書(か)く

❶ 쉬는 시간에 문자를 보내려고 생각하고 있다.

休(やす)み時間(じかん)にメールを ＿＿＿＿＿＿＿＿＿＿＿＿。

❷ 호텔을 예약하려고 생각하고 있습니다.

ホテルを予約(よやく) ＿＿＿＿＿＿＿＿＿＿＿＿。

❸ 1시부터 3시까지는 리포트를 써야지.

１時(いちじ)から３時(さんじ)まではレポートを ＿＿＿＿＿＿＿＿＿＿。

❹ 제대로 줄 서자.

ちゃんと ＿＿＿＿＿＿＿＿＿＿。

단어 アパート 한국 빌라(연립주택) 같은 건물 | 探す(さがす) 찾다 | そろそろ 슬슬 | メール 문자, 메일 | レポート 리포트 | 並ぶ(ならぶ) 줄서다

동사 명령형 ~해

간단하게 공부하기

1그룹	2그룹	3그룹
う단 → え단	る → ろ	来(く)る → 来(こ)い する → しろ

그 외 명령형

て형	~해, ~해줘	가벼운 명령
ない형 + で	~하지 마라, ~하지 말아줘	가벼운 금지
ます형 + なさい	~하렴, ~하시오, ~하거라	다소 강한 명령
기본형 + な	~하지 마	강한 금지

단어 正直(しょうじき)に 정직하게, 솔직히 | ~みたいに ~처럼, ~같이 | 言(い)い訳(わけ) 변명 | 危険(きけん) 위험 | 入(はい)る 들어가다(들어오다)

명령형은 상대방에게 명령, 지시를 하는 표현으로, 어감이 강해서 일상에서는 주의해야 합니다. 보통은 가까운 사이에 사용되고, 공식적인 자리에서는 피하는 게 좋습니다.

꼼꼼하게 공부하기

1그룹 (나머지 동사)		2그룹 (i+る/e+る 동사)		3그룹 (암기 동사)
う단 → え단		る → ろ		来(く)る → 来(こ)い する → しろ
買(か)う 사다	買(か)え	いる 있다	いろ	
行(い)く 가다	行(い)け	見(み)る 보다	見(み)ろ	
話(はな)す 이야기하다	話(はな)せ	起(お)きる 일어나다	起(お)きろ	
待(ま)つ 기다리다	待(ま)て	食(た)べる 먹다	食(た)べろ	
死(し)ぬ 죽다	死(し)ね	寝(ね)る 자다	寝(ね)ろ	
遊(あそ)ぶ 놀다	遊(あそ)べ	教(おし)える 가르치다	教(おし)えろ	
飲(の)む 마시다	飲(の)め			
読(よ)む 읽다	読(よ)め			
泳(およ)ぐ 수영하다	泳(およ)げ			
乗(の)る 타다	乗(の)れ			

う단에서 え단으로 바꾸는 방법										
	あ	か	さ	た	な	は	ま	や	ら	わ	ん
	い	き	し	ち	に	ひ	み		り		
う단	う	く	す	つ	ぬ	ふ	む	ゆ	る		
え단	え	け	せ	て	ね	へ	め		れ		
	お	こ	そ	と	の	ほ	も	よ	ろ	を	

그 외 명령형

MP3

て형	正直(しょうじき)に言(い)って。	솔직히 말해 줘.
ない형 + で	子供(こども)みたいに言(い)い訳(わけ)をしないで。	아이처럼 변명을 하지 말아줘.
ます형 + なさい	早(はや)く来(き)なさい。	빨리 오거라.
기본형 + な	危険(きけん)！ここに入(はい)るな。	위험! 여기에 들어오지 마.

て형은 「～てください (~해주세요)」에서 뒤의 ください가 떨어진 것이고, 「ない형 + で」는 「～ないでください (~하지 말아주세요)」에서 뒤의 ください가 떨어진 것이에요. 「ます형 + なさい」는 부모가 자식에게, 혹은 교사가 학생에게 많이 사용합니다.

활용 연습문제

1 빈칸을 일본어로 완성해 보세요.

★는 예외 1그룹 동사입니다!

기본형	읽는 법	뜻	분류	명령형
買う	かう	사다	1그룹	買え
会う	あう	만나다		
待つ	まつ	기다리다		
休む	やすむ	쉬다		
作る	つくる	만들다		
帰る★	かえる	돌아가다(돌아오다)		
乗る	のる	타다		
死ぬ	しぬ	죽다		
遊ぶ	あそぶ	놀다		
呼ぶ	よぶ	부르다		
飲む	のむ	마시다		
書く	かく	쓰다		
行く	いく	가다		
泳ぐ	およぐ	수영하다		
話す	はなす	이야기하다		
起きる	おきる	일어나다		
食べる	たべる	먹다		
来る	くる	오다		
する	する	하다		

2 단어를 활용하여 해석에 적합한 문장으로 바꿔주세요.

❶ 집에 돌아가. 家(うち) | 帰(かえ)る

家へ ______________________________。

❷ 서둘러. 急(いそ)ぐ

______________________________。

❸ 홈런을 쳐. ホームラン | 打(う)つ

______________________________。

❹ 내일은 반드시 와. 明日(あした) | 必(かなら)ず | 来(く)る

明日は ______________________________。

❺ 벌써 8시야! 빨리 일어나. もう８時(はちじ)だ！ | 早(はや)く | 起(お)きる

______________________________。

단어 急(いそ)ぐ 서두르다 | ホームラン 홈런 | 打(う)つ 때리다, 치다 | 必(かなら)ず 반드시 | もう 이제, 벌써

실생활 대표 10문장

MP3

1 제대로 공부해.

ちゃんと勉強(べんきょう)しろ。

2 지각한 사람은 뛰어!

遅刻(ちこく)した人(ひと)は走(はし)れ。

3 여기에서는 반드시 멈춰.

ここでは必(かなら)ず止(と)まれ。

4 녀석에게 그렇게 전해라.

やつにそう伝(つた)えろ。

5 변명은 그만둬.

言(い)い訳(わけ)はやめて。

6 이제 적당히 해.

もういい加減(かげん)にして。

7 농담이니까 오해하지 마라.

冗談(じょうだん)だから、誤解(ごかい)しないで。

8 시끄러. 조용히 하거라.

うるさい。静(しず)かにしなさい。

9 여기에 낙서하지 마.

ここに落書(らくが)きするな。

10 아무것도 지껄이지 마.

何(なに)もしゃべるな。

단어

ちゃんと 제대로

遅刻(ちこく) 지각

走(はし)る 달리다

止(と)まる 멈추다

やつ 녀석

そう 그렇게

いい加減(かげん)にする 적당히 하다

冗談(じょうだん) 농담

誤解(ごかい) 오해

うるさい 시끄럽다

落書(らくが)き 낙서

しゃべる 수다 떨다, 지껄이다

MP3

1 아래 문장을 해석에 맞게 바꾸세요.

보기 리포트를 써.
レポートを書(か)く → レポートを書(か)け。

① 여기에 이름을 써.

ここに名前(なまえ)を書(か)く → ＿＿＿＿＿＿＿＿＿＿。

② 내일은 반드시 와.

明日(あした)は必(かなら)ず来(く)る → ＿＿＿＿＿＿＿＿＿＿。

③ 아침 일찍 일어나.

朝早(あさはや)く起(お)きる → ＿＿＿＿＿＿＿＿＿＿。

④ 모두 모여.

みんな集(あつ)まる → ＿＿＿＿＿＿＿＿＿＿。

2 아래 동사를 적절한 형태로 바꾸어 문장을 완성해보세요.

① 힘내거라.

出(だ)す → 元気(げんき)、＿＿＿＿＿＿なさい。

② 여기에서 담배를 피우지 마.

吸(す)う → ここでタバコを＿＿＿＿＿＿な。

③ 잠시 기다려줘.

待(ま)つ → ちょっと＿＿＿＿＿＿。

④ 내 것까지 먹지 말아줘.

食(た)べる → 私(わたし)の分(ぶん)まで＿＿＿＿＿＿ないで。

단어 元気(げんき)を出(だ)す 힘을 내다 | ちょっと 잠시 | 分(ぶん) 분, 분량

궁금증 해결소! 무엇이든 물어보세요

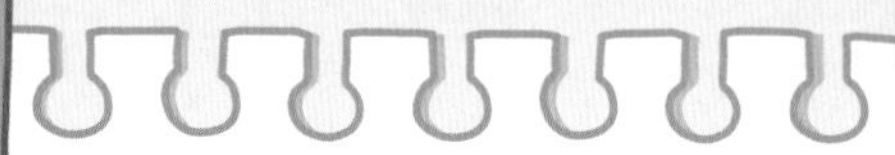

あおぞら는 왜 탁음이 될까요?

「青空(푸른 하늘)」은 あおそら라고 하지 않고 あおぞら라고 합니다.
이 현상을 '연탁'이라고 해요.

연탁(連濁)이란 蓮(이을 연)과 濁(흐릴 탁)으로, 두 단어가 결합해서 새로운 단어가 만들어질 때 뒷 단어의 어두 청음이 탁음으로 바뀌는 현상을 말해요. 두 단어가 합쳐지면서 한 단어가 되었다는 신호입니다.

回転(かいてん) ＋すし → 回転(かいてん)ずし 회전 초밥

연탁이 만들어지는 경우는 아래와 같이 대원칙이 있습니다.

대원칙 ① と와 の의 관계

같은 한자와 발음이어도 앞과 뒤 단어의 관계에 따라 연탁이 결정됩니다.

と관계 : 병렬 관계, 연탁 현상 X
山川(やまかわ) : 山と川(산과 강)이라는 동등한 입장인 병렬 관계일 때는 연탁이 일어나지 않아요.

の관계 : 수식 관계, 연탁 현상 O
山川(やまがわ) : 山の中の川(산 속에 있는 강), 山中を流れる川(산중을 흐르는 강), 山から流れ落ちる川(산에서 흘러내려오는 강)처럼 산과 강이 동등한 입장이 아닌 수식 관계일 때 연탁이 일어나요.

대원칙 ② 畳語(첩어, 반복 어휘)

동음이 중복될 경우, 뒤의 단어에 연탁 현상이 일어나요.

高々(たかだか) **높이높이, 드높이**
時々(ときどき) **때때로**

수식 관계이거나 반복 어휘가 사용될 때는 '탁음'이 되는구나 하고 알아두세요.

일본어 공부 팁

누구나 겪을 수 있는 '슬럼프', 어떻게 극복하면 될까?

1단계 ▶ 좀 더 쉬운 걸로 돌아가라!

실력 레벨업을 위해서는 어려운 단계를 공부하는 것이 맞지만, 지금처럼 지쳐 있는 상태에서는 새롭고 어려운 것을 하기보다는 이미 공부했던 것들을 다시 한 번 보는 게 더 낫습니다.

2단계 ▶ 더러운 습관, 비교는 버려라!

비교는 나쁜 습관입니다. 사람을 병들게 하는 못된 녀석이에요! 각자 습득하는 속도도 다르고, 과거의 지식도 다르고, 살아온 방식도 다르니까 다른 사람과 비교하지 말고 자신의 속도대로 묵묵히 가면 됩니다.

3단계 ▶ 목표를 다시 세워라!

구체적이고 눈에 바로 보이는 목표를 다시 세워보세요. 계획을 세울 때는 장기 계획과 단기 계획 모두 필요한 것 아시죠? 예를 들어 "이번 12월 일본어 능력시험 N3에 꼭 합격하겠다.", "3개월 만에 이 책을 꼭 끝내겠다."와 같이 구체적으로요. 목표 없이 '그냥 일본어 잘하고 싶다'는 생각만으로는 평생 작심삼일만 하게 됩니다.

4단계 ▶ 환경을 바꿔라!

필기 노트를 바꾸거나 학원이나 인터넷 강의를 알아보는 등 일본어 공부 환경에 뭔가 '새로움'을 주어야 합니다. 그 새로움 덕분에 일본어가 더 재밌어질 수도 있고 예기치 못한 인연을 만날지도 모르잖아요.

5단계 ▶ '세상에 공짜는 없다!' 정신 무장하기

누구나 겪을 수 있는 슬럼프를 실력자로 가는 '차비'라고 생각해보세요. 일본어를 공부한 사람 중에 슬럼프 없이 승승장구한 사람 없습니다. 이 순간을 넘겨야 진정한 실력자가 될 수 있다는 것을 명심하세요!

제7장

네이티브로 향하는 동사 3단계

· 동사 수동형 ~당하다, ~하게 되다

· 동사 사역형 ~시키다, ~하게 하다

· 동사 사역수동형
억지로 (어쩔 수 없이) ~하게 되다

동사 수동형 ~당하다, ~하게 되다

간단하게 공부하기

1그룹	2그룹	3그룹
う단 → あ단 + れる	る → られる	来(く)る → 来(こ)られる する → される

활용 문장 MP3

1	イさんは先生(せんせい)に褒(ほ)められました。	이 씨는 선생님에게 칭찬받았습니다.
2	子供(こども)は母(はは)に叱(しか)られた。	아이는 엄마에게 야단맞았다.
3	その虫(むし)は鳥(とり)に食(た)べられた。	그 벌레는 새에게 먹혔다.
4	電話(でんわ)はベルによって発明(はつめい)された。	전화는 벨에 의해 발명되었다.
5	雨(あめ)に降(ふ)られました。	비를 맞았습니다.
6	赤(あか)ちゃんに泣(な)かれて困(こま)りました。	아이가 울어서 곤란했습니다.

단어 叱(しか)る 야단치다 | 虫(むし) 벌레 | 鳥(とり) 새 | ～によって ~에 의해 | 発明(はつめい) 발명 | 赤(あか)ちゃん 아기 | 泣(な)く 울다

꼼꼼하게 공부하기

수동형은 '~당하다', '~하게 되다'라는 의미로, 주어가 어떤 행위를 당하거나 그 결과를 받는 입장이 될 때 사용됩니다.

1그룹 (나머지 동사)		2그룹 (i+る/e+る 동사)		3그룹 (암기 동사)
う단 → あ단 + れる		る → られる		来(く)る → 来(こ)られる する → される
買(か)う 사다	買(か)われる	いる 있다	いられる	
行(い)く 가다	行(い)かれる	見(み)る 보다	見(み)られる	
話(はな)す 이야기하다	話(はな)される	起(お)きる 일어나다	起(お)きられる	
待(ま)つ 기다리다	待(ま)たれる	食(た)べる 먹다	食(た)べられる	
死(し)ぬ 죽다	死(し)なれる	寝(ね)る 자다	寝(ね)られる	
遊(あそ)ぶ 놀다	遊(あそ)ばれる	教(おし)える 가르치다	教(おし)えられる	
飲(の)む 마시다	飲(の)まれる			
読(よ)む 읽다	読(よ)まれる			
泳(およ)ぐ 수영하다	泳(およ)がれる			
乗(の)る 타다	乗(の)られる			

う단에서 あ단으로 바꾸는 방법

あ단	わ	か	さ	た	な	は	ま	や	ら	わ	ん
	い	き	し	ち	に	ひ	み		り		
う단	う	く	す	つ	ぬ	ふ	む	ゆ	る		
	え	け	せ	て	ね	へ	め		れ		
	お	こ	そ	と	の	ほ	も	よ	ろ	を	

주의 う로 끝나는 동사는 あ단으로 바꿀 때 わ로 바꾸어 買われる!

한 걸음 더!

수동형은 원치 않은 일을 당해서 불만이라는 감정을 포함하기도 합니다. 수동형을 여러 종류로 나눌 수 있지만 크게 '일반 수동'과 '피해 수동'으로 나눕니다.

1	イさんは先生(せんせい)に褒(ほ)められました。	**일반 수동** 칭찬하다/칭찬받다, 먹다/먹히다 등 능동과 수동으로 구분할 수 있어요.
2	子供(こども)は母(はは)に叱(しか)られた。	
3	その虫(むし)は鳥(とり)に食(た)べられた。	
4	電話(でんわ)はベルによって発明(はつめい)された。	
5	雨(あめ)に降(ふ)られました。	**피해 수동** 피해를 입어 곤란한 경우 사용해요.
6	赤(あか)ちゃんに泣(な)かれて困(こま)りました。	

활용 연습문제

1 빈칸을 일본어로 완성해보세요.

기본형	읽는 법	뜻	분류	수동형
踏む	ふむ	밟다	1그룹	踏まれる
叱る	しかる	야단치다		
取る	とる	잡다, 뺏다		
盗む	ぬすむ	훔치다		
頼む	たのむ	부탁하다		
噛む	かむ	물다		
褒める	ほめる	칭찬하다		
建てる	たてる	짓다		
殴る	なぐる	때리다		
誘う	さそう	권하다		
押す	おす	밀다, 누르다		
捨てる	すてる	버리다		
壊す	こわす	부수다		
怒る	おこる	화내다		
泣く	なく	울다		
死ぬ	しぬ	죽다		
来る	くる	오다		
する	ー	하다		
呼ぶ	よぶ	부르다		

2 단어를 활용하여 해석에 적합한 문장으로 바꿔주세요.

❶ 옆 사람에게 발을 밟혔습니다. 隣(となり)の人(ひと) | 足(あし) | 踏(ふ)む

隣の人に ______________________________。

❷ 소매치기에게 지갑을 도둑맞았습니다. すり | 財布(さいふ) | 盗(ぬす)む

すりに ______________________________。

❸ 나는 친구에게 괴롭힘을 당했습니다. 私(わたし) | 友達(ともだち) | いじめる

私は友達に ______________________________。

❹ 나는 다나카 씨에게 초대받았습니다. 私(わたし) | 田中(たなか)さん | 招待(しょうたい)する

______________________________。

❺ 아들이 죽어버렸다. 息子(むすこ) | 死(し)ぬ

______________________________。

꿀팁

직역하면 "아들에게 죽음을 당해버렸다"인데요, "아들이 죽어서 내가 피해를 입었다, 곤란하다, 힘들다"라는 뜻으로 쓰인 것입니다. '피해수동'이라고 할 수 있어요.

단어 隣(となり) 옆, 이웃 | 足(あし)を踏(ふ)む 발을 밟다 | すり 소매치기 | 盗(ぬす)む 훔치다 | いじめる 괴롭히다 | 招待(しょうたい)する 초대하다

실생활 대표 10문장

MP3

1 시험 성적이 나빠서 엄마에게 야단맞았습니다.

試験(しけん)の成績(せいせき)が悪(わる)くて母(はは)に叱(しか)られました。

2 버스 안에서 옆 사람에게 발을 밟혔습니다.

バスの中(なか)で隣(となり)の人(ひと)に足(あし)を踏(ふ)まれました。

3 도둑에게 가방을 뺏겼습니다.

どろぼうにかばんを取(と)られました。

4 약속에 늦어 그녀에게 화내는 것을 당해버렸습니다.
(→그녀를 화나게 했습니다)

約束(やくそく)に遅(おく)れて彼女(かのじょ)に怒(おこ)られてしまいました。

5 거짓말을 해서 선생님에게 야단맞았습니다.

嘘(うそ)をついたので先生(せんせい)に叱(しか)られました。

6 이 빌딩은 10년 전에 지어졌습니다.

このビルは10年前(じゅうねんまえ)に建(た)てられました。

7 이 책은 전부 일본어로 쓰여 있습니다.

この本(ほん)は全部(ぜんぶ)日本語(にほんご)で書(か)かれています。

8 비에게 내림을 당해서(→비가 내려서) 스웨터가 젖었습니다.

雨(あめ)に降(ふ)られてセーターが濡(ぬ)れました。

9 아기에게 우는 것을 당해서(→아이가 울어서) 잘 수 없었습니다.

赤(あか)ちゃんに泣(な)かれて寝(ね)られませんでした。

10 친구에게 오는 것을 당해서(→친구가 와서) 숙제는 할 수 없었습니다.

友達(ともだち)に来(こ)られて宿題(しゅくだい)はできませんでした。

단어

どろぼう 도둑

取(と)る 가지다, 얻다, 뺏다

遅(おく)れる 늦다, 지각하다

怒(おこ)る 화내다

~てしまう ~해버리다

嘘(うそ)をつく 거짓말을 하다

建(た)てる 짓다

濡(ぬ)れる 젖다

宿題(しゅくだい) 숙제

연습문제

MP3

1 보기와 같이 문장을 완성하세요.

보기 褒(ほ)める → 先生(せんせい)に 褒(ほ)められました。

❶ 叱(しか)る → 母(はは)に ________________。

❷ 盗(ぬす)む → バスの中(なか)で財布(さいふ)を ________________。

❸ 踏(ふ)む → 隣(となり)の人(ひと)に足(あし)を ________________。

❹ 噛(か)む → 犬(いぬ)に手(て)を ________________。

2 보기를 활용하여 해석에 적합한 문장으로 바꿔주세요.

보기 降(ふ)る　怒(おこ)る　叱(しか)る　いじめる

❶ 비를 맞아서 슈트가 젖었습니다.

雨(あめ)に ________________ スーツが濡(ぬ)れました。

❷ 매일 귀가가 늦어서 아빠에게 혼났습니다.

毎日(まいにち)帰(かえ)りが遅(おそ)くて父(ちち)に ________________。

❸ 지각해서 선생님에게 야단맞았습니다.

遅刻(ちこく)して先生(せんせい)に ________________。

❹ 나는 선배에게 괴롭힘을 당했습니다.

私(わたし)は先輩(せんぱい)に ________________。

단어 犬(いぬ) 개 | 手(て) 손 | 噛(か)む 물다 | スーツ 수트(suit), 양복 | 帰(かえ)り 귀가 | 遅(おそ)い 늦다, 느리다 | 父(ちち) 아빠

동사 사역형 ~시키다, ~하게 하다

간단하게 공부하기

1그룹	2그룹	3그룹
う단 → あ단 + せる	る → させる	来(く)る → 来(こ)させる する → させる

활용 문장 MP3

1	私(わたし)は妹(いもうと)をコンビニに行(い)かせた。	나는 여동생을 편의점에 가게 했다.
2	母(はは)は私(わたし)にピアノを習(なら)わせた。	엄마는 나에게 피아노는 배우게 했다.
3	先生(せんせい)は夜遅(よるおそ)くまで勉強(べんきょう)させました。	선생님은 밤늦게까지 공부시켰습니다.
4	早(はや)く家(うち)に帰(かえ)って、母(はは)を安心(あんしん)させました。	빨리 집에 돌아가서 엄마를 안심시켰습니다.
5	彼(かれ)はみんなを笑(わら)わせました。	그는 모두를 웃게 했습니다 (웃겼습니다).
6	私(わたし)に行(い)かせてください。	제가 가게 해주세요.

단어 夜遅(よるおそ)く 밤늦게 | 安心(あんしん)する 안심하다 | 笑(わら)う 웃다

꼼꼼하게 공부하기

사역형은 '시키다', '하게 하다'라는 의미로, 누군가에게 특정 행동을 하도록 시키거나 허락할 때 사용합니다. 주로 상급자가 하급자에게 명령하거나, 부모가 아이에게 어떤 행동을 하도록 요구하는 상황에 쓰입니다. '강제로 시켰다' 또는 그렇게 행동할 수 있도록 '허락했다', '방치했다'라는 뜻으로도 사용합니다.

1그룹 (나머지 동사)		2그룹 (i+る/e+る 동사)		3그룹 (암기 동사)
う단 → あ단 + せる		る → させる		来(く)る → こさせる する → させる
買(か)う 사다	買(か)わせる	いる 있다	いさせる	
行(い)く 가다	行(い)かせる	見(み)る 보다	みさせる	
話(はな)す 이야기하다	話(はな)させる	起(お)きる 일어나다	おきさせる	
待(ま)つ 기다리다	待(ま)たせる	食(た)べる 먹다	たべさせる	
死(し)ぬ 죽다	死(し)なせる	寝(ね)る 자다	ねさせる	
遊(あそ)ぶ 놀다	遊(あそ)ばせる	教(おし)える 가르치다	おしえさせる	
飲(の)む 마시다	飲(の)ませる			
読(よ)む 읽다	読(よ)ませる			
泳(およ)ぐ 수영하다	泳(およ)がせる			
乗(の)る 타다	乗(の)らせる			

う단에서 あ단으로 바꾸는 방법

あ단	わ	か	さ	た	な	は	ま	や	ら	わ	ん
	い	き	し	ち	に	ひ	み		り		
う단	う	く	す	つ	ぬ	ふ	む	ゆ	る		
	え	け	せ	て	ね	へ	め		れ		
	お	こ	そ	と	の	ほ	も	よ	ろ	を	

주의 買う처럼 う로 끝나는 동사는 あ단으로 바꿀 때 買あせる가 아니라 わ로 바꾸어서 買わせる를 씁니다.

「사역형 + てください」

'~하게 해주세요'라는 뜻으로 허가해달라고 부탁할 때 사용할 수 있어요.

私に行かせてください。 제가 가게 해주세요.

활용 연습문제

1 빈칸을 일본어로 완성해보세요.

기본형	읽는 법	뜻	분류	사역형
買う	かう	사다	1그룹	買わせる
会う	あう	만나다		
待つ	まつ	기다리다		
休む	やすむ	쉬다		
作る	つくる	만들다		
帰る★	かえる	돌아가다(돌아오다)		
乗る	のる	타다		
死ぬ	しぬ	죽다		
遊ぶ	あそぶ	놀다		
呼ぶ	よぶ	부르다		
飲む	のむ	마시다		
書く	かく	쓰다		
行く	いく	가다		
泳ぐ	およぐ	수영하다		
話す	はなす	이야기하다		
起きる	おきる	일어나다		
食べる	たべる	먹다		
来る	くる	오다		
する	する	하다		

2 단어를 활용하여 해석에 적합한 문장으로 바꿔주세요.

❶ 나는 남동생을 편의점에 가게 했다. 僕(ぼく) | 弟(おとうと) | コンビニに行(い)く

僕(ぼく)は ______________________________。

❷ 부장님이 야근을 시켰습니다. 部長(ぶちょう) | 残業(ざんぎょう) | する

部長が ______________________________。

❸ 아들에게 시금치를 먹게 했습니다. 息子(むすこ) | ほうれんそう | 食(た)べる

息子に ______________________________。

❹ 엄마는 나를 자유롭게 놀게 했습니다. 母(はは) | 私(わたし) | 自由(じゆう)に | 遊(あそ)ぶ

母は私を自由に ______________________________。

❺ 어릴 때 자주 여동생을 울렸다. 子供(こども)のころ | よく | 妹(いもうと) | 泣(な)く

子供のころ、よく ______________________________。

단어 自由(じゆう)に 자유롭게 | よく 자주, 잘 | 妹(いもうと) 여동생

실생활 대표 10문장

MP3

1 엄마는 나에게 매일 5개씩 한자를 외우게 합니다.

母(はは)は私(わたし)に毎日(まいにち)五(いつ)つずつ漢字(かんじ)を覚(おぼ)えさせます。

2 그의 연설은 세계를 감동시켰다.

彼(かれ)のスピーチは世界(せかい)を感動(かんどう)させた。

3 건강에 좋기 때문에 채소를 먹게 했습니다.

健康(けんこう)にいいから野菜(やさい)を食(た)べさせました。

4 아이를 학원에 다니게 합니다.

子供(こども)を塾(じゅく)に通(かよ)わせます。

5 내일 시합이 있어서 연습시켰습니다.

明日(あした)試合(しあい)があって練習(れんしゅう)させました。

6 아기에게 우유를 먹였다.

赤(あか)ちゃんにミルクを飲(の)ませた。

7 30분이나 기다리게 해서 미안해.

30分(さんじゅっぷん)も待(ま)たせてごめんね。

8 선생님은 학생들에게 짝이 되어 일본어로 이야기하게 합니다.

先生(せんせい)は学生(がくせい)たちにペアになって日本語(にほんご)で話(はな)させます。

9 원숭이 흉내를 내어 모두를 웃겼다.

さるの真似(まね)をしてみんなを笑(わら)わせた。

10 잠시 쉬게 해주세요.

ちょっと休(やす)ませてください。

단어

スピーチ 스피치, 연설
世界(せかい) 세계
感動(かんどう)する 감동하다
健康(けんこう) 건강
塾(じゅく) 보습학원
練習(れんしゅう) 연습
ミルク 우유
숫자+も ~이나
ペアになる 짝이 되다
さる 원숭이
真似(まね)をする 흉내를 내다

연습문제

MP3

1 보기와 같이 문장을 사역의 형태로 바꾸세요.

보기 食(た)べる → 子供(こども)に野菜(やさい)を 食べさせた。

① する → 母(はは)はよく掃除(そうじ)や洗濯(せんたく)を ______________。

② 行(い)く → 部長(ぶちょう)は田中(たなか)さんを出張(しゅっちょう)に ______________。

③ 読(よ)む → 先生(せんせい)が学生(がくせい)に本(ほん)を ______________。

④ 泣(な)く → 妹(いもうと)を ______________。

2 아래 동사를 해석에 맞는 적절한 형태로 바꾸세요.

보기 別(わか)れる　行(い)く　喜(よろこ)ぶ　とる

① 나는 남동생을 서점에 가게 했다.

私(わたし)は弟(おとうと)を本屋(ほんや)に ______________。

② 딸을 남자친구와 헤어지게 했다.

娘(むすめ)を彼氏(かれし)と ______________。

③ 비서에게 회의 메모를 시켰다.

秘書(ひしょ)に会議(かいぎ)のメモを ______________。

④ 그 가수는 팬을 기쁘게 했다.

その歌手(かしゅ)はファンを ______________。

단어 洗濯(せんたく) 세탁 | 出張(しゅっちょう)に行(い)く 출장 가다 | 別(わか)れる 헤어지다 | 秘書(ひしょ) 비서 | メモをとる 메모를 하다 | ファン 팬

동사 사역수동형 억지로(어쩔 수 없이) ~하게 되다

'시킴을 당하는' 입장

사역수동형

飲ませ + られる
억지로 마시게 되다

마시게 '시키는' 입장

사역형

飲ませる
마시게 하다

1그룹	2그룹	3그룹
う단 → あ단 + せられる	る → させられる	来(く)る → 来(こ)させられる する → させられる

꿀팁

사역형 끝의 る를 떼고 られる(수동형)를 붙이는 것으로 이해하면 쉽다!

활용 문장

1 部長(ぶちょう)にお酒(さけ)を飲(の)ませられました。
부장님 때문에 술을 억지로 마시게 되었습니다.

2 社長(しゃちょう)に夜遅(よるおそ)くまで働(はたら)かせられました。
사장님 때문에 어쩔 수 없이 밤늦게까지 일하게 되었습니다.

단어 働(はたら)く 일하다

꼼꼼하게 공부하기

사역수동형은 사역형과 수동형의 결합으로, 주어가 하기 싫은 일을 누군가가 시켜서 어쩔 수 없이 하게 될 때 사용합니다. 사역형에 수동형이 더해진 형태니까, 사역형으로 먼저 바꾼 후 る만 られる(수동형)로 바꾸어도 됩니다.

1그룹 (나머지 동사)		2그룹 (i+る/e+る 동사)		3그룹 (암기 동사)
う단 → あ단 + せられる		る → させられる		来(く)る → 来(こ)させられる する → させられる
買(か)う 사다	買(か)わせられる	いる 있다	いさせられる	
行(い)く 가다	行(い)かせられる	見(み)る 보다	見(み)させられる	
話(はな)す 이야기하다	話(はな)させられる	起(お)きる 일어나다	起(お)きさせられる	
待(ま)つ 기다리다	待(ま)たせられる	食(た)べる 먹다	食(た)べさせられる	
死(し)ぬ 죽다	死(し)なせられる	寝(ね)る 자다	寝(ね)させられる	
遊(あそ)ぶ 놀다	遊(あそ)ばせられる	教(おし)える 가르치다	教(おし)えさせられる	
飲(の)む 마시다	飲(の)ませられる			
読(よ)む 읽다	読(よ)ませられる			
泳(およ)ぐ 수영하다	泳(およ)がせられる			
乗(の)る 타다	乗(の)らせられる			

飲ませられる → 飲まされる

사역수동형이 너무 길어서 회화에서 「せら」를 「さ」로 줄여 말하기도 합니다. 단, 話させられる처럼 줄였을 때 はなさされる로 「さ」가 반복되는 경우에는 줄여 쓰지 않습니다.

部長(ぶちょう)にお酒(さけ)を飲(の)ませられました。

그대로 옮기면 '부장님에게 술을 먹게 시킴을 당했습니다'인데 어색하니까 '부장님 때문에(혹은 부장님이 시켜서) 억지로 술을 마시게 되었습니다'로 해석합니다.

활용 연습문제

1 빈칸을 일본어로 완성해 보세요.

기본형	읽는 법	뜻	분류	사역수동형
買う	かう	사다	1그룹	買わせられる
会う	あう	만나다		
待つ	まつ	기다리다		
休む	やすむ	쉬다		
作る	つくる	만들다		
帰る	かえる	돌아가다(돌아오다)		
乗る	のる	타다		
死ぬ	しぬ	죽다		
遊ぶ	あそぶ	놀다		
呼ぶ	よぶ	부르다		
飲む	のむ	마시다		
書く	かく	쓰다		
行く	いく	가다		
泳ぐ	およぐ	수영하다		
話す	はなす	이야기하다		
起きる	おきる	일어나다		
食べる	たべる	먹다		
来る	くる	오다		
する	する	하다		

2 단어를 활용하여 해석에 적합한 문장으로 바꿔주세요.

❶ 어제 과장님 때문에 어쩔 수 없이 야근하게 되었습니다.

昨日(きのう) | 課長(かちょう) | 残業(ざんぎょう)する

昨日課長に ______________________________。

❷ 엄마 때문에 억지로 피망을 먹게 되었습니다. 母(はは) | ピーマン | 食(た)べる

母にピーマンを ______________________________。

❸ 수업 중에 영어로 어쩔 수 없이 발표하게 되었습니다.

授業中(じゅぎょうちゅう) | 英語(えいご) | 発表(はっぴょう)する

授業中に英語で ______________________________。

❹ 반성문을 10장이나 어쩔 수 없이 쓰게 되었다. 反省文(はんせいぶん) | 10枚(じゅうまい)も | 書(か)く

反省文を10枚も ______________________________。

❺ 선생님이 시켜서 어쩔 수 없이 매일 바이올린 연습을 하게 되었습니다.

先生(せんせい) | 毎日(まいにち) | バイオリン | 練習(れんしゅう)をする

先生に毎日バイオリンの練習を ____________________。

단어 課長(かちょう) 과장(님) | ピーマン 피망 | 発表(はっぴょう)する 발표하다 | 反省文(はんせいぶん) 반성문 | ~枚(まい) ~매, ~장 | バイオリン 바이올린

실생활 대표 10문장

MP3

1 아들은 시금치를 억지로 먹게 되었습니다.

息子(むすこ)はほうれんそうを食(た)べさせられました。

2 역까지 우산을 억지로 가지고 오게 되었습니다.

駅(えき)まで傘(かさ)を持(も)って来(こ)させられました。

3 나는 부모님 때문에 맞선을 억지로 보게 되었습니다.

私(わたし)は両親(りょうしん)にお見合(みあ)いをさせられました。

4 학원에 억지로 다니게 되었습니다.

塾(じゅく)に通(かよ)わせられました。

5 가고 싶지 않은 부서에 어쩔 수 없이 가게 되었다.

行(い)きたくない部署(ぶしょ)に行(い)かさせられた。

6 엄마 때문에 억지로 설거지하게 되었습니다.

母(はは)に皿(さら)を洗(あら)わせられました。

7 회사를 어쩔 수 없이 그만두게 되었습니다.

会社(かいしゃ)を辞(や)めさせられました。

8 억지로 외우게 된 것은 바로 잊어버립니다.

無理(むり)やり覚(おぼ)えさせられたことは、すぐ忘(わす)れます。

9 아르바이트 하는 곳에서 1시간 어쩔 수 없이 야근을 하게 되었습니다.

バイト先(さき)で1時間(いちじかん)残業(ざんぎょう)させられました。

10 선수는 감독 때문에 비 오는 날에도 억지로 연습하게 되었습니다.

選手(せんしゅ)は監督(かんとく)に雨(あめ)の日(ひ)にも練習(れんしゅう)させられました。

단어

- 傘(かさ) 우산
- お見合(みあ)いをする 맞선을 보다
- 部署(ぶしょ) 부서
- 皿(さら)を洗(あら)う 접시를 씻다, 설거지하다
- 無理(むり)やり 억지로
- バイト先(さき) 아르바이트 하는 곳
- 選手(せんしゅ) 선수
- 監督(かんとく) 감독
- 雨(あめ)の日(ひ) 비 오는 날

연습문제

MP3

1 보기와 같이 문장을 완성하세요.

보기 食べる → 母に野菜を<u>食べさせられた</u>。

① する → 社長に残業を ＿＿＿＿＿＿＿＿＿＿。

② 飲む → 部長にお酒を ＿＿＿＿＿＿＿＿＿＿。

③ 辞める → 不景気で会社を ＿＿＿＿＿＿＿＿＿＿。

④ 買う → 妹にかばんを ＿＿＿＿＿＿＿＿＿＿。

2 아래 동사를 해석에 맞는 적절한 형태로 바꾸세요.

보기 歌う　練習する　働く　来る

① 나는 노래를 못하는데도 상사가 시켜서 어쩔 수 없이 노래하게 되었다.

私は歌が苦手なのに、上司に歌を ＿＿＿＿＿＿＿＿＿＿。

② 연습하기 싫은데도 감독이 시켜서 매일 어쩔 수 없이 연습하게 되었다.

練習したくないのに、監督に毎日 ＿＿＿＿＿＿＿＿＿＿。

③ 사장님 때문에 밤늦게까지 어쩔 수 없이 일하게 되었다.

社長に夜遅くまで ＿＿＿＿＿＿＿＿＿＿。

④ 주말도 회사에 어쩔 수 없이 오게 되는 일이 자주 있다.

週末も会社に ＿＿＿＿＿＿＿＿＿＿ ことがよくある。

단어 不景気 불경기 | ～のに ～인데도 | 上司 상사 | ～たくない ～하고 싶지 않다

궁금증 해결소! 무엇이든 물어보세요

O 3時(さんじ)に

X 明日(あした)に X 来週(らいしゅう)に

때를 나타내는 조사 に

に는 3시, 9월, 2020년처럼 절대적인 때나 구체적인 일시를 말할 때 쓸 수 있습니다. 내일, 다음 주, 어제 등과 같이 상대적이거나 막연한 때에는 쓸 수 없고 절대적인 때나 구체적으로 말할 때는 に 조사를 쓸 수 있어요.

X 明日(あした)に 내일에	O 3日(みっか)に 3일에
X 先週(せんしゅう)に 지난주에	O 9時(くじ)に 9시에
X 今月(こんげつ)に 이번 달에	O 火曜日(かようび)に 화요일에
X 昨日(きのう)に 어제에	O 2020年(にせんにじゅうねん)に 2020년에

말하는 시점이 기준이 되어 상대적으로 바뀌는 때에는 조사 に를 쓸 수 없어요.
이때는 보통 に 없이 先週(せんしゅう)(지난주에), 今月(こんげつ)(이번 달에)로 씁니다.

다음 주에 만납시다.

X 来週(らいしゅう)に会(あ)いましょう。

O 来週(らいしゅう)会(あ)いましょう。

일본어 공부 팁

일본어 독학 경험자, 이게 가장 힘들었다!

선생님도 일본어 독학을 오랫동안 했어요. 그 경험담을 지금부터 풀어볼게요.

1 한심했다

초급 책 하나를 끝내는 것이, 마지막까지 다 보는 것이 어찌나 힘들던지요. 한없이 나태해지고 자꾸만 무너지는 나 자신이 한심했어요.

2 외로웠다

혼잣말 하는 것도 한계가 왔어요. 얼마나 일본어 회화가 하고 싶었으면 혼자 거울을 보고 1인 2역을 하고, 벽을 보며 뉴스 앵커가 되기도 하고 지하철이나 길에서 혼잣말 대잔치를 했답니다.

3 답답했다

모르는 것투성이인데 물어볼 곳이 없었어요. 실력이 오르고 있는 건지, 난 잘하고 있는 건지 실력 확인이 안 되니 답답하고 갑갑했어요.

4 두려웠다

'과연 일본어로 밥은 먹고 살 수 있을까?' 공부가 안 될 때면 미래의 두려움에 저를 몰아세워, 미래를 두려워하는 건지 일본어 공부가 하기 싫어 핑계를 대는 건지 알 수 없는 투정으로 밤낮을 설쳤어요.

5 미칠 것 같았다

한자: 압도적인 양과 난이도에 겁부터 먹고는 이걸 언제 다 외우나 막막했어요.
청해: 난 내 귀가 막혀 있는 줄 알았어요.
단어: 돌아서면 까먹고 한국어랑 비슷한 게 더 헷갈려서 오히려 머리에 남지 않았어요.

그래서 결단이 필요했어요. 일본어를 버리거나, 정면돌파하거나.
전 정면돌파를 선택했고 여기까지 왔습니다.

"세상에 쓸데없는 공부는 없어요. 흔들리지 말고 묵묵히 하시면 꼭 도움이 될 겁니다."

제8장

뼛속까지
네이티브 되기

- 수수동사 주다, 받다
- そうだ 전문, 추측
- 추측 정복하기
- 조건&가정 (~하면, ~라면) 정복하기
- 경어 정복하기

수수동사 주다, 받다

MP3

꼼꼼하게 공부하기

수수동사는 授(줄 수)와 受(받을 수)라는 한자를 써서, 주거니 받거니 하는 동사를 말합니다. 아래 3가지로 구분할 수 있습니다.

あげる (주다)	くれる (주다)	もらう (받다)
내가 남에게 줄 때	남이 나에게 줄 때	남, 나 상관없이 받을 때
공손한 표현: さしあげる	공손한 표현: くださる	공손한 표현: いただく
～てあげる (～해 주다)	**～てくれる (～해 주다)**	**～てもらう (～해 받다)**
내가 남에게 (행동을) 해줄 때	남이 나에게 (행동을) 해줄 때	남, 나 상관없이 (행동을) 받을 때

あげる 주다

아랫사람에게	私(わたし)は妹(いもうと)にお菓子(かし)をやりました。	나는 여동생에게 과자를 주었습니다.
동등한 위치	私(わたし)は友達(ともだち)にプレゼントをあげました。	나는 친구에게 선물을 주었습니다.
윗사람에게	私(わたし)は先生(せんせい)に花束(はなたば)をさしあげました。	나는 선생님에게 꽃다발을 드렸습니다.

나(혹은 나의 가족, 나와 가까운 사람)로부터 아랫사람에게 줄 때는 「やる」를 쓸 수 있습니다. 「やる」는 아랫사람을 낮추어 말하는 경향이 있어 회화에서 잘 사용하지는 않고, 동물이나 식물에게 '~을 주다'의 형태로 많이 씁니다. 「犬(いぬ)にえさをやる。(개에게 먹이를 주다)」, 「花(はな)に水(みず)をやる。(꽃에게 물을 주다)」와 같아요. 윗사람에게 '드리다'라고 할 때는 「さしあげる」를 씁니다.

꿀팁

남이 남에게 줄 때도 동사「あげる」를 씁니다.
キムさんはイさんにチョコレートをあげた。
김 씨는 이 씨에게 초콜릿을 주었다.

くれる 주다

동등한 위치	友達(ともだち)は私(わたし)にプレゼントをくれた。	친구는 나에게 선물을 주었다.
윗사람이 줄 때	先生(せんせい)は私(わたし)に花束(はなたば)をくださいました。	선생님은 나에게 꽃다발을 주셨습니다.

남이 나(혹은 나의 가족, 나와 가까운 사람)에게 줄 때는「くれる」를 씁니다. 윗사람이 주실 때는「くださる」를 쓰는데, ます를 붙여 '주십니다'라고 표현하려면 くださります가 아니라「くださいます」가 된다는 것에 주의하세요.

もらう 받다

동등한 위치	私(わたし)は本(ほん)をもらった。 彼(かれ)は本(ほん)をもらった。	나는 책을 받았다. 그는 책을 받았다.
윗사람에게 받을 때	先生(せんせい)に本(ほん)をいただきました。	선생님에게 책을 받았습니다.

내가 받든, 남이 받든 주체에 상관없이 받을 때는 일반적으로「もらう」입니다.
윗사람에게 받을 때는「いただく」를 씁니다.

활용 문장

1	私(わたし)は友達(ともだち)にプレゼントをあげた。	나는 친구에게 선물을 주었다.
2	私は友達にプレゼントを買(か)ってあげた。	나는 친구에게 선물을 사주었다.
3	友達は私にプレゼントをくれた。	친구는 나에게 선물을 주었다.
4	友達は私にプレゼントを買ってくれた。	친구는 나에게 선물을 사주었다.
5	私はプレゼントをもらった。	나는 선물을 받았다.
6	私はプレゼントを買ってもらった。	나는 선물을 사 받았다. = (누군가) 선물을 사줬다.

「~てあげる」는 상대를 위해 선심 써서 '~해 준다'라는 생색내는 뉘앙스가 있기 때문에 주의해서 사용해야 합니다.

「~てもらう」는 '~해 받다'라는 뜻으로 남이 해줘서 고맙다, 은혜받았다는 뉘앙스가 있습니다. '(남이) ~해 주다'로 자연스럽게 해석하는 경우가 많습니다.

단어 お菓子(かし) 과자 | 花束(はなたば) 꽃다발 | えさ 먹이 | 水(みず) 물 | チョコレート 초콜릿

실생활 대표 10문장

MP3

1 그녀에게 장미꽃을 주었다.

彼女(かのじょ)にバラの花(はな)をあげた。

2 이 책을 당신에게 드리겠습니다.

この本(ほん)をあなたにさしあげます。

3 빨리 답장을 줘서, 고마워.

早(はや)く返事(へんじ)をくれて、ありがとう。

4 이런 비싼 것을 받아도 되는 거예요?

こんな高(たか)いものをもらってもいいんですか。

5 나는 시장님에게 감사장을 받았습니다.

私(わたし)は市長(しちょう)から感謝状(かんしゃじょう)をいただきました。

6 딸에게 화장품을 사 주었습니다.

娘(むすめ)に化粧品(けしょうひん)を買(か)ってあげました。

7 바쁜데도 와줘서 고마워.

忙(いそが)しいのに来(き)てくれて、ありがとう。

8 그녀는 나를 도와주었습니다.

彼女(かのじょ)は私(わたし)を手伝(てつだ)ってくれました。

9 박 씨는 나에게 우산을 빌려 주었습니다. (빌려준 사실만을 전달)

パクさんは私(わたし)に傘(かさ)を貸(か)してくれました。

10 나는 박 씨에게 우산을 빌려 받았습니다. → 박 씨는 나에게 우산을 빌려주었습니다.
(고마움, 은혜를 받은 느낌 강조)

私(わたし)はパクさんに傘(かさ)を貸(か)してもらいました。

단어

バラの花(はな) 장미꽃
あなた 당신
こんな 이런
市長(しちょう) 시장님
感謝状(かんしゃじょう) 감사장
化粧品(けしょうひん) 화장품
手伝(てつだ)う 돕다
貸(か)す 빌려주다

MP3

연습문제

1 보기와 같이 문장을 완성하세요.

보기 私(わたし) → 友達(ともだち) 私は友達にプレゼントをあげました。

① 田中(たなか)さん → 佐藤(さとう)さん 田中さんは佐藤さんに本(ほん)を ____________。

② 私(わたし) → 社長(しゃちょう) 私は社長に会議(かいぎ)の報告書(ほうこくしょ)を ____________。

③ 田中(たなか)さん → 私(わたし) 田中さんは私にプレゼントを ____________。

④ 先生(せんせい) → 私 先生は私に辞書(じしょ)を ____________。

2 보기를 활용하여 해석에 적합한 문장으로 바꿔주세요.

보기 あげる くれる もらう

① 여러 가지 가르쳐 주셔서 감사했습니다. (教(おし)える)

いろいろ ____________、ありがとうございました。

② 친구에게 도쿄를 안내해 받았다(친구가 도쿄를 안내해주었다). (する)

友達(ともだち)に東京(とうきょう)を案内(あんない) ____________。

③ 언니가 사 준 지갑을 잃어버렸다. (買(か)う)

姉(あね)が ____________ 財布(さいふ)を無(な)くした。

④ 아빠가 용돈을 주셨습니다.

父(ちち)がお小遣(こづか)いを ____________。

힌트: 남에게 말할 때 나의 가족은 나와 같은 입장(소속)이니까 높이지 않아요. くださいました (X)

단어 報告書(ほうこくしょ) 보고서 | 辞書(じしょ) 사전 | 案内(あんない) 안내 | 姉(あね) 언니, 누나 | 無(な)くす 없애다, 잃어버리다 | お小遣(こづか)い 용돈

そうだ 전문, 추측

간단하게 공부하기

		~라고 한다 (전문)	
명사	学生(がくせい)	学生だそうだ	학생이라고 한다
い형용사	おいしい	おいしいそうだ	맛있다고 한다
な형용사	暇(ひま)だ	暇だそうだ	한가하다고 한다
동사	雨(あめ)が降(ふ)る	雨が降るそうだ	비가 내린다고 한다

		~일 것 같다 (추측)	
명사	学生(がくせい)	×	×
い형용사	おいしい	おいしそうだ	맛있을 것 같다
な형용사	暇(ひま)だ	暇そうだ	한가할 것 같다
동사	雨(あめ)が降(ふ)る	雨が降りそうだ	비가 내릴 것 같다

단어 暇(ひま)だ 한가하다

꼼꼼하게 공부하기

「そうだ」는 명사, い형용사, な형용사, 동사에 어떻게 접속하는지에 따라 전문 또는 추측으로 구분합니다.

전문은 다른 사람에게 들었거나 어디에서 읽거나 얻은 정보를 전달할 때 써요. 추측은 모양과 상태를 보고 '~일 것 같다'라며 바로 보고 느낀 인상이나 느낌을 말할 때 사용해요. 추측을 뜻하는 '명사 + そうだ'는 존재하지 않습니다. 대신에 다른 표현이 있는데, 바로 다음 장에서 배우게 됩니다.

활용 문장 MP3

1	イさんの彼氏(かれし)はアメリカ人(じん)だそうだ。	이 씨의 남자친구는 미국인이라고 한다.
2	イさんのお母(かあ)さんは優(やさ)しいそうです。	이 씨의 어머니는 상냥하다고 합니다.
3	イさんのお母(かあ)さんは優(やさ)しそうです。	이 씨의 어머니는 상냥할 것 같습니다.
4	イさんはスポーツが上手(じょうず)だそうです。	이 씨는 스포츠를 잘한다고 합니다.
5	イさんはスポーツが上手(じょうず)そうです。	이 씨는 스포츠를 잘할 것 같습니다.
6	天気予報(てんきよほう)によると、 明日(あした)は雨(あめ)が降(ふ)るそうです。	일기예보에 의하면 내일은 비가 내린다고 합니다.
7	今(いま)にも雨(あめ)が降(ふ)りそうです。	지금이라도 비가 내릴 것 같습니다.

アメリカ人(じん) 미국인 | 優(やさ)しい 상냥하다 | スポーツ 스포츠 | 天気予報(てんきよほう) 일기예보 | ～によると ~에 의하면

활용 연습문제

1 빈칸을 일본어로 완성해보세요.

		전문 ~라고 한다	추측 ~일 것 같다
명사	日本人(にほんじん)	日本人だそうだ	×
い형용사	おもしろい		
な형용사	親切(しんせつ)だ		
동사	行(い)く		

		전문 ~라고 한다	추측 ~일 것 같다
명사	医者(いしゃ)	医者だそうだ	×
い형용사	高(たか)い		
な형용사	有名(ゆうめい)だ		
동사	始(はじ)まる		

		전문 ~라고 한다	추측 ~일 것 같다
명사	雨(あめ)	雨だそうだ	×
い형용사	いい		よさそうだ★
な형용사	上手(じょうず)だ		
동사	曇(くも)る		

		전문 ~라고 한다	추측 ~일 것 같다
명사	イさんの店(みせ)	イさんの店だそうだ	×
い형용사	ない		
な형용사	好(す)きだ		
동사	晴(は)れる		

★「よさそうだ(좋을 것 같다)」,「なさそうだ(없을 것 같다)」는 예외이니 암기합니다.

2 단어를 활용하여 해석에 적합한 문장으로 바꿔주세요.

❶ 다나카 씨에 의하면 저 두 사람은 연인이라고 합니다.

田中(たなか)さんによると | あの二人(ふたり) | 恋人(こいびと)

田中さんによると ＿＿＿＿＿＿＿＿＿＿＿＿＿＿＿＿＿＿。

❷ 김 씨가 결혼한다고 합니다. キムさん | 結婚(けっこん)する

＿＿＿＿＿＿＿＿＿＿＿＿＿＿＿＿＿＿＿＿＿＿＿＿＿＿＿。

❸ 맛있을 것 같아. おいしい

＿＿＿＿＿＿＿＿＿＿＿＿＿＿＿＿＿＿＿＿＿＿＿＿＿＿＿。

▶ 회화에서「~そうだ」의「だ」를 떼고「そう」만 사용할 수 있습니다.

❹ 저 학생은 성실할 것 같습니다. あの学生(がくせい) | 真面目(まじめ)だ

＿＿＿＿＿＿＿＿＿＿＿＿＿＿＿＿＿＿＿＿＿＿＿＿＿＿＿。

❺ 촛불이 꺼질 것 같습니다. ろうそくの火(ひ) | 消(き)える

＿＿＿＿＿＿＿＿＿＿＿＿＿＿＿＿＿＿＿＿＿＿＿＿＿＿＿。

단어 始(はじ)まる 시작되다 | 曇(くも)る 흐리다 | 恋人(こいびと) 연인, 애인 | ろうそく 양초

실생활 대표 10문장

MP3

1 김 씨의 남자친구는 일본인이라고 합니다.

キムさんの彼氏(かれし)は日本人(にほんじん)だそうです。

2 이것이 최근 유행하고 있는 스타일이라고 합니다.

これが最近(さいきん)はやっているスタイルだそうです。

3 차에 부딪칠 것 같이 되었습니다(부딪칠 뻔했습니다).

車(くるま)にぶつかりそうになりました。

4 화려한 옷을 좋아한다고 합니다.

派手(はで)な服(ふく)が好(す)きだそうです。

5 박 씨는 지금 자고 있다고 합니다.

パクさんは今(いま)寝(ね)ているそうです。

6 이 치즈 케이크 매우 맛있을 것 같군요.

このチーズケーキ、とてもおいしそうですね。

7 저 영화 재미있을 것 같지 않아?

あの映画(えいが)おもしろそうじゃない？

8 그는 성실할 것 같이 보입니다.

彼(かれ)は真面目(まじめ)そうに見(み)えます。

9 피곤해서 죽을 것 같습니다.

疲(つか)れて死(し)にそうです。

10 이 프로그램을 다운로드하면 문제없다고 합니다.

このプログラムをダウンロードすれば問題(もんだい)ないそうです。

단어

- 最近(さいきん) 최근
- はやる 유행하다
- スタイル 스타일
- ぶつかる 부딪치다
- 派手(はで)だ 화려하다
- 服(ふく) 옷
- チーズケーキ 치즈 케이크
- とても 매우
- 疲(つか)れる 지치다, 피곤하다
- プログラム 프로그램
- ダウンロード 다운로드

연습문제

MP3

1 보기 단어를 해석에 맞추어 적절한 형태로 바꿔 쓰세요.

보기 おもしろい　おいしい　降(ふ)る　来(く)る

❶ 친구에 의하면 저 영화는 재미있다고 합니다.

友達(ともだち)によるとあの映画(えいが)は ______________ そうです。

❷ 이 라멘 매우 맛있을 것 같네요.

このラーメン、とても ______________ そうですね。

❸ 지금이라도 비가 내릴 것 같네요.

今(いま)にも雨(あめ)が ______________ そうですね。

❹ 뉴스에 의하면 내일은 태풍이 온다고 합니다.

ニュースによると明日(あした)は台風(たいふう)が ______________ そうです。

2 보기와 같이 추측 문장을 완성하세요.

보기 雨(あめ)が降(ふ)る → 雨が降りそうです。

❶ 寂(さび)しい → ベンチに座(すわ)っているあの人(ひと)、 ______________ 。

❷ 泣(な)く → 赤(あか)ちゃんが今(いま)にも ______________ 。

❸ 落(お)ちる → 危(あぶ)ないですよ。コップが ______________ 。

❹ 性格(せいかく)がいい → イさんは性格が ______________ 。

단어 今(いま)にも 지금이라도 | 台風(たいふう)が来(く)る 태풍이 오다 | ベンチ 벤치 | 座(すわ)る 앉다 | 寂(さび)しい 외롭다 | 危(あぶ)ない 위험하다 | 落(お)ちる 떨어지다 | コップ 컵 | 性格(せいかく) 성격

추측 정복하기

간단하게 공부하기

~인(일) 것 같다 (추측)		
らしい	そうだ	ようだ → 문장체 みたいだ → 회화체
거의 사실 (확실한 정보)	모양, 상태를 보고 추측 (근거 ○)	내 생각 (근거 △)
객관적 ◀	········	▶ 주관적

그 외 추측 표현

~だろう	~일 것이다, ~겠지
~でしょう	~일 것입니다, ~겠죠

꼼꼼하게 공부하기

	らしい	そうだ	ようだ	みたいだ
명사	医者(いしゃ)らしい	×	医者のようだ	医者みたいだ
い형용사	おもしろいらしい	おもしろそうだ	おもしろいようだ	おもしろいみたいだ
な형용사	親切(しんせつ)らしい	親切そうだ	親切なようだ	親切みたいだ
동사	行(い)くらしい	行きそうだ	行くようだ	行くみたいだ

명사, い형용사, な형용사를 해석할 때는 '~인 것 같다', '~일 것 같다'처럼 구분이 의미 없는 경우가 많습니다. 하지만 동사는 '~할 것 같다(미래)', '~한 것 같다(과거)'와 같이 구분하여 사용해야 합니다.

らしい 객관적인 근거를 바탕으로, 전해 들은 것을 종합해서 추측하는 데 자주 사용함.

そうだ 바로 보고 느낀 인상. 회화에서는「そうだ」의 だ를 떼고「そう」로도 사용함.

ようだ 주관적인 추측. 말하는 사람이 오감(시각·청각·후각·미각·촉각)으로 상황을 추측한 표현.「みたいだ」는「ようだ」의 회화체 표현으로, 회화에서는「みたいだ」의 だ를 떼고「みたい」로도 사용함.

그 외 추측 표현

말하는 사람의 주관적인 추측, 즉 불확실한 추측으로 '왠지 그럴 것 같다'는 예감에 기반한 표현입니다.

~だろう	明日(あした)はたぶん雪(ゆき)が降(ふ)るだろう。	내일은 아마 눈이 내릴 것이다.
~でしょう	明日はたぶん雪が降るでしょう。	내일은 아마 눈이 내릴 것입니다.

활용 연습문제

1 빈칸을 일본어로 완성해보세요.

警察(けいさつ) | 悪(わる)い | 有名(ゆうめい)だ | 来(く)る

	らしい	そうだ	ようだ	みたいだ
경찰인 것 같다	警察らしい	×		
나쁜 것 같다				
유명한 것 같다				
올 것 같다				

塩(しお) | いい・よい | にぎやかだ | 寝(ね)る

	らしい	そうだ	ようだ	みたいだ
소금인 것 같다	塩らしい	×		
좋을 것 같다				
북적이는 것 같다				
잘 것 같다				

砂糖(さとう) | 高(たか)い | ハンサムだ | 死(し)ぬ

	らしい	そうだ	ようだ	みたいだ
설탕인 것 같다	砂糖らしい	×		
비쌀 것 같다				
잘생긴 것 같다				
죽을 것 같다				

学校(がっこう) | きたない | 嫌(きら)いだ | 疲(つか)れる

	らしい	そうだ	ようだ	みたいだ
학교인 것 같다	学校らしい	×		
더러운 것 같다				
싫어하는 것 같다				
지칠 것 같다				

2 단어를 활용하여 해석에 적합한 문장으로 바꿔주세요.

❶ 저 가수는 꽤 유명한 것 같습니다. あの歌手(かしゅ) | かなり | 有名(ゆうめい)だ

あの歌手は ______________________ らしいです。

❷ 이 치즈 케이크 매우 맛있을 것 같군요.

このチーズケーキ | とても | おいしい

______________________ そうですね。

❸ 마치 꿈 같습니다. まるで | 夢(ゆめ)

______________________ ようです。

❹ 마치 꿈 같군요. まるで | 夢(ゆめ)

______________________ みたいですね。

❺ 누군가 온 것 같네요. 노크 소리가 나요. 誰(だれ)か | 来(く)る

______________ らしいですね。ノックの音(おと)がします。

단어 警察(けいさつ) 경찰 | 塩(しお) 소금 | にぎやかだ 번화하다, 북적이다 | 砂糖(さとう) 설탕 | きたない 더럽다 | かなり 꽤, 제법 | 誰(だれ)か 누군가 | ノック 노크 | 音(おと)がする 소리가 나다

실생활 대표 10문장

MP3

1 남동생은 여자친구가 있는 것 같습니다.

弟(おとうと)は彼女(かのじょ)がいるらしいです。

2 다나카 씨는 버스로 올 것 같습니다만.

田中(たなか)さんはバスで来(く)るらしいですが。

3 다음 주부터 추워질 것 같습니다.

来週(らいしゅう)から寒(さむ)くなるらしいです。

4 김 씨의 어머니는 상냥할 것 같습니다.

キムさんのお母(かあ)さんは優(やさ)しそうです。

5 피곤해서 죽을 것 같습니다.

疲(つか)れて死(し)にそうです。

6 요즈음 그는 왠지 힘이 없는 것 같다.

このごろ彼(かれ)はなんとなく元気(げんき)がないようだ。

7 그녀의 피부는 마치 눈 같다.

彼女(かのじょ)の肌(はだ)はまるで雪(ゆき)のようだ。

8 그는 꽤나 지쳐 있는 것 같습니다.

彼(かれ)はかなり疲(つか)れているみたいです。

9 모두 좋은 사람 같아서, 다행이다.

みんないい人(ひと)みたいで、よかった。

10 증상이 거짓말같이 좋아졌습니다.

症状(しょうじょう)が嘘(うそ)みたいによくなりました。

단어

- お母(かあ)さん 어머니
- このごろ 요즈음
- なんとなく 왠지
- 元気(げんき)がない 힘이 없다
- 肌(はだ) 피부
- 症状(しょうじょう) 증상

연습문제

MP3

1 보기 단어를 해석에 맞게 적절한 형태로 바꿔 쓰세요.

보기 子供(こども)　降(ふ)る　空(あ)いている

1. 김 씨는 마치 어린이 같다.

   キムさんはまるで ＿＿＿＿＿＿＿＿ ようだ。

2. 유키는 마치 어린이 같아.

   ユキちゃんはまるで ＿＿＿＿＿＿＿＿ みたい。

3. 지금이라도 비가 내릴 것 같습니다.

   今(いま)にも雨(あめ)が ＿＿＿＿＿＿＿＿ 。

4. 자리는 아직 비어 있는 것 같습니다.

   席(せき)はまだ ＿＿＿＿＿＿＿＿ らしいです。

2 아래 문장을 한국어로 해석하세요.

1. 本物(ほんもの)のダイヤモンドみたいです。

   진짜 다이아몬드 ＿＿＿＿＿＿＿＿＿＿＿＿ .

2. ニュースでは、来週(らいしゅう)から寒(さむ)くなるらしい。

   뉴스에서는 다음주부터 ＿＿＿＿＿＿＿＿＿＿＿＿ .

3. 彼女(かのじょ)ができたらしいですよ。

   여자친구가 ＿＿＿＿＿＿＿＿＿＿＿＿ .

4. 電話(でんわ)に出(で)ないから、留守(るす)のようです。

   전화를 받지 않기 때문에 ＿＿＿＿＿＿＿＿＿＿＿＿ .

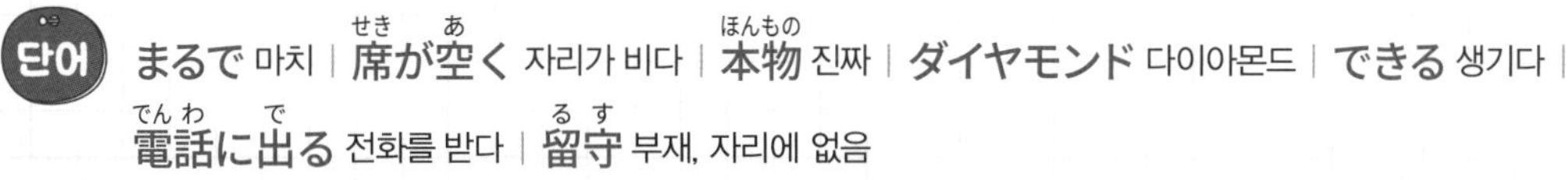

단어 まるで 마치 | 席(せき)が空(あ)く 자리가 비다 | 本物(ほんもの) 진짜 | ダイヤモンド 다이아몬드 | できる 생기다 | 電話(でんわ)に出(で)る 전화를 받다 | 留守(るす) 부재, 자리에 없음

조건&가정(~하면, ~라면) 정복하기

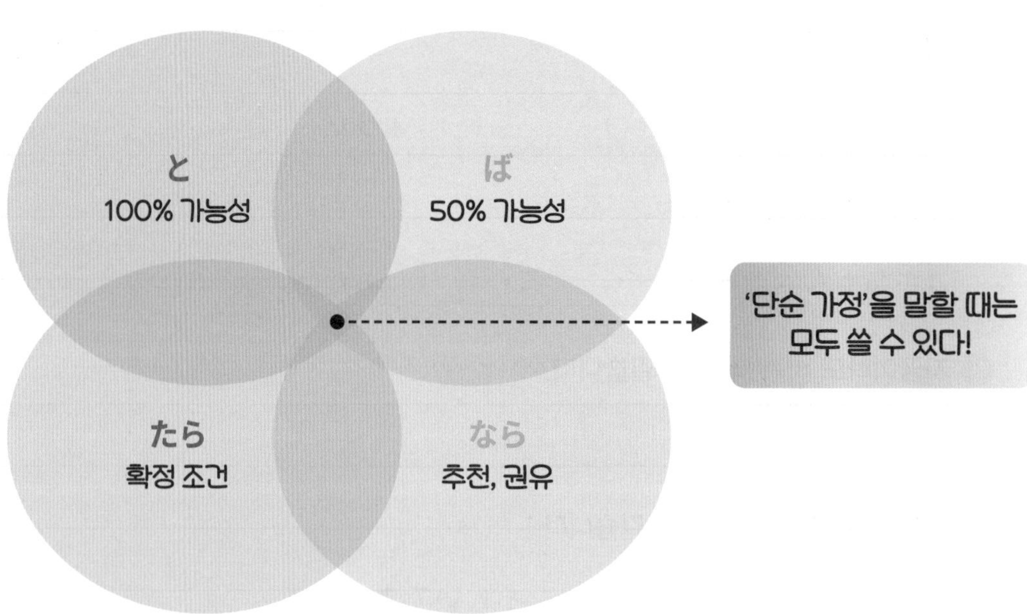

접속 표현

	～と	～ば	～たら	～なら
명사	先生(せんせい)だと	先生ならば*	先生だったら	先生なら
い형용사	寒(さむ)いと	寒ければ	寒かったら	寒いなら
な형용사	静(しず)かだと	静かならば*	静かだったら	静かなら
동사	行(い)くと	行けば	行ったら	行くなら

* 명사, な형용사+ならば는 문장이나 격식 차리는 경우에 쓰고, 회화에서는 ば를 생략한 なら를 쓰는 것이 자연스럽습니다.

静(しず)かだ 조용하다

꼼꼼하게 공부하기

조건&가정형을 특징 위주로 정리했습니다. 겹치는 부분도 있고 불명확한 부분도 있으니 열린 마음으로 많은 예문을 접하면서 공부하면 좋습니다.

～と	'～하면 (항상) ～한다'의 뜻으로 변함없이 반복적으로 성립되는 관계를 나타냅니다. 주로 사실, 자연현상, 진리 등을 표현할 때 씁니다.
～ば	아직 이루어지지 않은 일의 가정을 나타냅니다. 가장 일반적인 표현이라고 이해하면 됩니다. 앞의 일이 성립되면 뒤의 일이 성립된다는 뜻입니다.
～たら	과거형에 접속하는 만큼 앞 조건이 이루어졌을 경우를 가정합니다. 단, 접속이 과거형일 뿐 과거의 뜻이 있는 것은 아닙니다.
～なら	상대방이 말한 내용을 근거로 조언이나 권유하는 용법입니다.

활용 문장 MP3

1	100円玉(ひゃくえんだま)を入(い)れると、切符(きっぷ)が出(で)ます。 100엔 동전을 넣으면 표가 나옵니다.	단순 가정이라 모두 쓸 수 있다! **入れれば | 入れたら | 入れるなら**
2	春(はる)になると花(はな)が咲(さ)く。 봄이 되면 꽃이 핀다.	**と**는 '불변의 진리', '자연현상'에 많이 씀
3	この道(みち)をまっすぐ行(い)くと郵便局(ゆうびんきょく)があります。 이 길을 곧장 가면 우체국이 있습니다.	**と**를 써서 '100% 우체국이 있다'는 의미
4	この道(みち)をまっすぐ行(い)けば郵便局(ゆうびんきょく)があります。 이 길을 곧장 가면 우체국이 있습니다.	**ば**는 50% 가능성이라, 우체국이 있을 수도 있고 없을 수도 있다는 의미
5	駅(えき)に着(つ)いたら連絡(れんらく)してください。 역에 도착하면 연락해 주세요.	도착하면(확정이 되면) 연락해달라는 의미
6	東京(とうきょう)へ行(い)くなら新宿(しんじゅく)がいいですよ。 도쿄에 간다면 신주쿠가 좋아요.	**なら**는 추천, 권유할 때 씀
7	ガムならロッテ。 껌이라면 롯데.	**なら**는 추천, 권유할 때 씀

단어 100円玉(ひゃくえんだま) 100엔 동전 | 入(い)れる 넣다 | 切符(きっぷ)が出(で)る 표가 나오다 | 春(はる) 봄 | ～になる ～이/가 되다 | 咲(さ)く 피다 | まっすぐ 곧장, 곧바로 | ガム 껌

활용 연습문제

1 빈칸을 일본어로 완성해보세요.

病院 | おいしい | 親切だ | 食べる

	と	ば	たら	なら
병원이라면				
맛있으면				
친절하면				
먹으면				

すし | 長い | 元気だ | 飲む

	と	ば	たら	なら
초밥이라면				
길면				
건강하면				
마시면				

英語 | 熱い | 暇だ | 遊ぶ

	と	ば	たら	なら
영어라면				
뜨거우면				
한가하면				
논다면				

歌手 | 悪い | 有名だ | 降る

	と	ば	たら	なら
가수라면				
나쁘면				
유명하면				
내리면				

2 단어를 활용하여 해석에 적합한 문장으로 바꿔주세요.

❶ 1에 2를 더하면 3이 됩니다. 1(いち) | 2(に) | 足(た)す | 3(さん)になる

1に2を ______________________ 3になります。

❷ 병원은 어떻게 가면 됩니까? 病院(びょういん) | どうやって | 行(い)く | いいですか

______________________ ばいいですか。

❸ 과일은 신선하면 신선할수록 좋습니다.
果物(くだもの) | 新鮮(しんせん) | 新鮮(しんせん)なほど | いいです

______________________ ば新鮮なほどいいです。

▶ 회화에서 많이 쓰는 「~なら~なほど」도 기억해둡시다.

❹ 가격이 싸면 사오겠습니다. 値段(ねだん) | 安(やす)い | 買(か)ってきます

______________________ たら買ってきます。

❺ 역시 스포츠라면 다나카 씨입니다. やっぱり | スポーツ | 田中(たなか)さん

______________________。

단어 足(た)す 더하다 | 値段(ねだん) 가격 | やっぱり 역시

실생활 대표 10문장

MP3

1 편의점은 이 길을 오른쪽으로 돌면 있습니다.

コンビニはこの道を右に曲がるとあります。

2 술을 너무 많이 마시면 취합니다.

お酒を飲みすぎると酔っぱらいます。

3 가격이 비싸면 사지 않겠습니다.

値段が高ければ買いません。

4 날씨가 좋으면 갑니다.

天気がよければ行きます。

5 일본어는 공부하면 할수록 어렵습니다.

日本語は勉強すればするほど難しいです。

6 일본에 가면 좋아하는 가수의 콘서트에 가고 싶습니다.

日本に行ったら、好きな歌手のコンサートに行きたいです。

7 만약 다나카 씨를 만날 수 없으면 저에게 연락해 주세요.

もし田中さんに会えなかったら私に連絡してください。

8 공항에 도착하면 연락해주세요.

空港に着いたら連絡してください。

9 머리가 아프다면 이 약을 먹는 편이 좋아요.

頭が痛いならこの薬を飲んだ方がいいですよ。

10 일본어라면 와카메 센세가 최고!

日本語ならワカメ先生が最高！

단어

右に曲がる 오른쪽으로 돌다

ます형+すぎる 너무 ~하다

酔っぱらう 취하다

コンサート 콘서트

空港 공항

頭 머리

最高 최고

연습문제

MP3

1 보기와 같이 문장을 완성하세요.

보기 まっすぐ行く / 銀行があります
→ まっすぐ行くと銀行があります。(と)

❶ 6を2で割る
→ 6を2で ______________ 3になります。(と)

❷ 捨てる
→ ______________ 私がもらいます。(なら)

❸ 勉強する
→ ______________ 分かります。(ば)

❹ 帰る
→ ______________ 誰もいなかった。(たら)

▶ 「～たら～た(～했더니～했다)」처럼 전체 시제가 과거라면 이때 たら는 '～한다면'이 아니라 '～했더니'로 해석합니다.

2 괄호에 と, ば, たら, なら 중 하나를 써 넣으세요.

❶ 1に2を足す (   ) 3になる。

❷ スポーツ (   ) 田中先生が最高！

❸ 東京に着い (   )連絡してください。

❹ 郵便局へ行きたいんですが、ここからどうやって行け (   ) いいですか。

단어 割る 나누다

경어 정복하기

경어 종류

존경어	겸양어	정중어
상대를 높이는 것	나를 낮추는 것	공손한 말
~하시다	(내가) ~해드리다	お宅(たく) 댁 / ~様(さま) ~님 よろしいですか 괜찮으세요?

존경어(~하시다) 3가지

존경어는 상대를 높이는 표현으로, 우리말 존경어와 같은 개념입니다.

커피 드시겠습니까?
- コーヒー、召(め)し上(あ)がりますか。특별 존경어
- コーヒー、飲(の)まれますか。(ら)れる 존경어
- コーヒー、お飲(の)みになりますか。お~になる 존경어

① 특별 존경어

특별 존경어는 그 자체로 존경을 의미하는 단어라서 암기해야 합니다.

いる 있다 → いらっしゃる 계시다

行(い)く 가다 → いらっしゃる 가시다

来(く)る 오다 → いらっしゃる 오시다

飲(の)む, 食(た)べる 마시다, 먹다 → 召(め)し上(あ)がる 드시다

知(し)る 알다 → ご存(ぞん)じだ 아시다

見(み)る 보다 → ご覧(らん)になる 보시다

する 하다 → なさる 하시다

言(い)う 말하다 → おっしゃる 말씀하시다

くれる (상대방이)주다 → くださる 주시다

寝(ね)る 자다 → お休(やす)みになる 주무시다

もしもし、田中先生(たなかせんせい)いらっしゃいますか。 여보세요, 다나카 선생님 계십니까?

昨日(きのう)送(おく)ったファックス、ご覧(らん)になりましたか。 어제 보낸 팩스 보셨습니까?

② (ら)れる 존경어

1그룹 동사	2그룹 동사	3그룹 동사
う단 → あ단 + れる 行(い)く → 行かれる	る → られる 起(お)きる → 起きられる	来(く)る → 来(こ)られる する → される

コピー機(き)を使(つか)われますか。 복사기를 사용하시겠습니까?

部長(ぶちょう)は何時(なんじ)ごろ起(お)きられますか。 부장님은 몇 시쯤 일어나십니까?

③ お～になる 존경어

お	+	동사의 ます형	+	になる

書(か)く → 書きます → お書きになる 쓰시다

社長(しゃちょう)はお客様(きゃくさま)にお会(あ)いになります。 사장님은 손님을 만나십니다.

先生(せんせい)、この本(ほん)をお読(よ)みになりましたか。 선생님 이 책을 읽으셨습니까?

단어 ファックス 팩스 | コピー機(き) 복사기 | お客様(きゃくさま) 손님

겸양어(~해드리다) 2가지

겸양어는 '내가 ~하다, 해드리다'라는 뜻으로, 자신을 낮추어 말할 때 사용합니다.

① 특별 겸양어

특별 겸양어는 그 자체로 겸손을 의미하는 단어라서 암기해야 합니다.

いる 있다 → **おる** 있어 드리다

行(い)く 가다 → **参(まい)る** 가드리다

来(く)る 오다 → **参(まい)る** (내가) 오다

飲(の)む, 食(た)べる 마시다, 먹다 → **いただく** (내가) 먹다, 마시다

知(し)る 알다 → **存(ぞん)じる** (내가) 알다

見(み)る 보다 → **拝見(はいけん)する** (내가) 보다

する 하다 → **いたす** 해드리다

言(い)う 말하다 → **申(もう)す, 申(もう)し上(あ)げる** 말씀드리다

会(あ)う 만나다 → **お目(め)にかかる** 만나 뵙다

聞(き)く, たずねる 듣다, 묻다, 방문하다 → **伺(うかが)う** 여쭙다, 찾아뵙다

田中(たなか)と申(もう)します。よろしくお願(ねが)いします。 다나카라고 합니다. 잘 부탁드립니다.

明日(あした)2時(にじ)ごろ伺(うかが)います。 내일 2시쯤 찾아뵙겠습니다.

キムと申(もう)します。 김이라고 합니다.

② お～する 겸양어

お	+	동사의 ます형	+	する

持(も)つ → 持ちます → お持ちする 들어드리다

荷物(にもつ)、お持(も)ちしましょうか。 짐 들어드릴까요?

家(いえ)までお送(おく)りします。 집까지 데려다 드리겠습니다.

お手伝(てつだ)いします。 도와드리겠습니다.

정중어 3가지

공손한 말로 丁寧語(ていねいご)(정녕어)라고도 합니다. 반말에 반대되는 개념으로 '존댓말'로 봐도 됩니다.

① ございます ~있사옵니다 | ~でございます ~이옵니다

② ~です ~입니다 | ~ます ~합니다

▸ トイレはこちらにございます。 화장실은 이쪽에 있사옵니다. (ありますの 공손한 말)

▸ トイレはこちらでございます。 화장실은 이쪽이옵니다. (ですの 공손한 말)

③ 정중어 단어

こちら, そちら, あちら, どちら 장소, 사람을 가리킬 때 (이쪽, 그쪽, 저쪽, 어느 쪽)

いい 좋다 → よろしい

家(いえ) 집 → お宅(たく)

ちょっと, 少(すこ)し 조금 → 少々(しょうしょう)

本当(ほんとう)に 정말로 → 誠(まこと)に

さっき 조금 전 → 先(さき)ほど

後(あと)で 나중에 → 後(のち)ほど

今(いま) 지금 → ただいま

どうです 어떻습니까? → いかがですか

さん ~씨 → 様(さま)

今日(きょう) 오늘 → 本日(ほんじつ)

昨日(きのう) 어제 → 昨日(さくじつ)

明日(あした) 내일 → 明日(みょうにち)

明後日(あさって) 모레 → 明後日(みょうごにち)

お茶(ちゃ)のおかわりは、いかがですか。 차 리필은 어떠세요?

先(さき)ほど電話(でんわ)で申(もう)し上(あ)げましたが。 조금 전 전화로 말씀드렸습니다만.

단어 手伝(てつだ)う 돕다 | こちら 이쪽 | おかわり 리필

실생활 대표 10문장

MP3

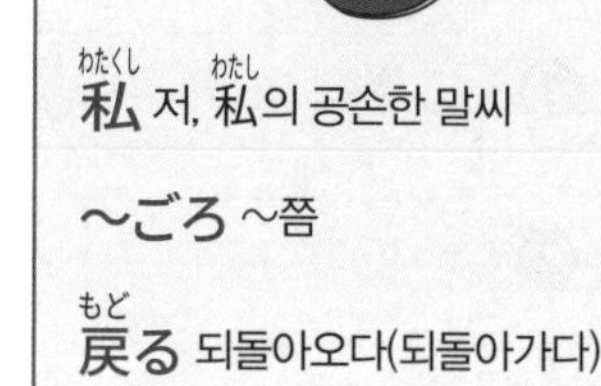
단어

私(わたくし) 저, 私(わたし)의 공손한 말씨

～ごろ ~쯤

戻(もど)る 되돌아오다(되돌아가다)

1 많이 기다리셨습니다.

お待(ま)たせしました。

2 잠시 기다려주십시오.

少々(しょうしょう)お待(ま)ちください。

3 저는 김이라고 합니다만, 사토 씨 계십니까?

私(わたくし)は金(キム)と申(もう)しますが、佐藤(さとう)さんいらっしゃいますか。

4 드십시오. / 잘 먹겠습니다.

召(め)し上(あ)がってください。 / いただきます。

5 몇 시쯤 댁에 돌아오십니까?

何時(なんじ)ごろお宅(たく)にお帰(かえ)りになりますか。

6 몇 시쯤 회사에 돌아오십니까?

何時(なんじ)ごろ会社(かいしゃ)にお戻(もど)りになりますか。

7 A: 어제 보낸 팩스 보셨습니까? / B: 네, 보았습니다.

A: 昨日(きのう)送(おく)ったファックス、ご覧(らん)になりましたか。

B: はい、拝見(はいけん)しました。

8 A: 다나카 선생님을 알고 계십니까? / B: 네, 알고 있습니다.

A: 田中先生(たなかせんせい)をご存(ぞん)じですか。

B: はい、存(ぞん)じております。

9 나중에 전화 드리겠습니다.

後(のち)ほどお電話(でんわ)いたします。

연습문제

MP3

1 보기처럼 밑줄 부분이 존경어인지 겸양어인지 써 넣으세요.

보기 キムと申(もう)します。(겸양어)

1. 私(わたし)がお持(も)ちします。→ ( )
2. どちらからいらっしゃいましたか。→ ( )
3. 一度(いちど)お目(め)にかかりたいです。→ ( )
4. 昨日(きのう)のニュースご覧(らん)になりましたか。→ ( )

2 아래 문장을 한국어로 해석하세요.

1. 社長(しゃちょう)は何(なん)とおっしゃいましたか。

   사장님은 뭐라고 ______________________?

2. これは吉田(よしだ)さんがお書(か)きになった本(ほん)です。

   이것은 요시다 씨가 ______________________ 책입니다.

3. ちょっとお伺(うかが)いします。

   잠시 ______________________.

4. 何(なに)かお手伝(てつだ)いしましょうか。

   뭔가 ______________________?

단어 一度(いちど) 한 번 | 何(なん)と 뭐라고 | 何(なに)か 뭔가 | ～ましょうか ～할까요?

궁금증 해결소! 무엇이든 물어보세요

お vs ご

お酒(さけ)? ご酒? 뭐가 맞을까요? 언제 お가 붙고 ご가 붙는지 알아봅시다.

お·ご 용법

① **미화어** : 말을 예쁘고 우아하게 표현하는 용도로, 주로 여성이 사용합니다.

お酒(さけ) 술 | **お金**(かね) 돈 | **お寿司**(すし) 초밥 | **お店**(みせ) 가게 | **お手洗い**(てあら) 화장실

② **관용어** : 남녀 구분 없이 관용적으로 사용하는 말입니다.

お茶(ちゃ) 차 | **お菓子**(かし) 과자 | **お正月**(しょうがつ) 설날 | **お年玉**(としだま) 세뱃돈 | **ご飯**(はん) 밥

③ **경어** : 존경어, 겸양어, 정중어의 의미로 쓰이는데요, 대부분 '존경어'로 쓰여요.

お名前(なまえ) 성함 | **お元気**(げんき) 건강 | **お仕事**(しごと) 업무 | **ご家族**(かぞく) 가족분 | **ご両親**(りょうしん) 부모님

위와 같이 3가지 용법이 있습니다만, 혼합되어 완전히 구분되지 않는 경우도 있습니다.

お·ご 구분

① **お** : 순수 일본어(고유어)에 접속

お父さん(とう) 아버지 | **お金**(かね) 돈 | **お水**(みず) 물 | **お二人**(ふたり) 두 분 | **お帰り**(かえ) 귀가

② **ご** : 한자어에 접속

ご利用(りよう) 이용 | **ご結婚**(けっこん) 결혼 | **ご家族**(かぞく) 가족분 | **ご両親**(りょうしん) 부모님 | **ご注意**(ちゅうい) 주의

③ **예외** : 일상생활에서 자주 쓰이는 말은 '한자어'라도 「お」를 붙이는 경우가 많습니다.

お料理(りょうり) 요리 | **お食事**(しょくじ) 식사 | **お時間**(じかん) 시간 | **お勉強**(べんきょう) 공부

외국인인 우리는 이 단어가 고유어인지 한자어인지 알기 어려우니, 결국 암기해야 합니다.
お電話(でんわ), ごゆっくり처럼 자주 쓰이는 단어들은 통째로 여러 번 읽으며 외울 것을 추천합니다.

일본어 공부 팁

일본어를 가장 빨리 잘하는 방법

일본어를 가장 빨리 잘하는 방법은 무엇이 있을까요?

바로, **일본에 가는 것입니다!**

일본에서 '서바이벌'로 24시간 내내 일본어를 말할 수밖에 없는 환경에 놓이는 것이죠.

사실 누구나 알고 있는 정답입니다. 하지만 마냥 갈 수 없는 상황이니 문제지요.

일본에 지금 당장 갈 수 없는 우리는 어떻게 해야 할까요?
하루종일 한국어로만 이야기하는 우리는 어떻게 해야 할까요?

답은 간단합니다. 우리 자신을 일본어에 최대한 많이 노출시키는 수밖에 없습니다.

드라마나 애니메이션 등 재미난 것을 많이 보며 눈과 귀에 노출시켜 봅시다. 하지만 이 일을 최대한 '의미 있게' 해야 합니다. 그래서 일단은 일본 드라마나 영화 한 편의 대사를 달달~ 외우는 방법을 추천합니다. 대사 하나하나를 그 배우와 같이 발음해보고, 의미를 파악하고, 질리도록 분석하고 연구하다 보면 진정한 인생 드라마, 인생 영화, 인생 애니메이션이 탄생할 것입니다.

더불어 문법 공부가 더해진다면 여러분 일본어에 날개가 돋아날 겁니다.
꼭 해보세요. 인생 작품, 그리고 문법 공부!

부록

JLPT 문법 100문항

☑ N5 문법 문제

☑ N4 문법 문제

☑ N3 문법 문제

* 실제 시험 문항 수와 다릅니다.

N5

● 정답은 표지 날개에 있는 QR코드로 확인해주세요!

유형1 형식 판단

가장 기본적인 유형으로, 괄호에 들어갈 알맞은 문법을 보기에서 고르는 문제입니다. 문장에 알맞은 조사를 넣거나 동사나 형용사의 활용 형태를 묻는 경우가 많습니다.

もんだい１　（　　　）に　何(なに)を　入れますか。　１・２・３・４から　いちばん　いい　ものを　一(ひと)つ　えらんで　ください。

1 私(わたし)は　毎朝(まいあさ)　コーヒー（　　　）飲(の)みます。

1　を　　2　で　　3　が　　4　へ

2 私(わたし)は　あしたの　ひこうき（　　　）日本(にほん)へ　行(い)きます。

1　に　　2　で　　3　が　　4　を

3 つくえの　上(うえ)に　バナナ（　　　）りんご　などが　あります。

1　や　　2　と　　3　が　　4　で

4 私(わたし)は　きょうだいが　二人(ふたり)　います。弟(おとうと)（　　　）妹(いもうと)です。

1　は　　2　も　　3　と　　4　や

5 きのう　デパートで　田中(たなか)さん（　　　）会(あ)いました。

1　を　　2　の　　3　で　　4　に

6 この　みかんは　三(みっ)つ（　　　）いくらですか。

1　は　　2　と　　3　が　　4　で

7 (タクシーで)

A「つぎの　かどを　左（　　　　）まがって　ください。」

B「はい、わかりました。」

1　を　　2　と　　3　に　　4　で

8 田中「この　かばんは　山田さん（　　　　）ですか。」

山田「いいえ、私のではありません。」

1　や　　2　は　　3　の　　4　と

9 オレンジは　100えんです。　りんごは　150えんです。

オレンジ（　　　　）やすいです。

1　より　　2　のほうが　　3　いちばん　　4　どちらが

10 家から　学校まで　15ふん（　　　　）かかります。

1　ぐらい　　2　など　　3　ごろ　　4　とき

11 けさ　ジョギングを　しました。（　　　　）シャワーを　あびました。

1　それから　　2　では　　3　でも　　4　それで

12 この　店の　やさいは（　　　　）。

1　やすいだ　　2　やすいです

3　やすいでした　　4　やすいじゃありません

13 田中さんは（　　　　）おもしろい　人です。

1　げんきで　　2　げんきくて　　3　げんきて　　4　げんきだて

N5

14 キムさんは　小さい　とき、魚が　好き（　　　　）でした。

1　ない　　　　2　じゃない

3　ありません　　　　4　じゃありません

15 あと　5ふんで　映画が（　　　　）。

1　はじまりませんでした　　　　2　はじまって　います

3　はじまります　　　　4　はじまりました

16 コンサートへ（　　　　）まえに　食事を　しました。

1　いった　　2　いく　　3　いき　　4　いって

17 (びょういんで)

いしゃ「今日から　一週間　薬を　飲んで、来週の　かようびにまた（　　　　）。」

1　来ます　　2　来てください　　3　来ません　　4　来ましょう

18 A「ソウルでも　雪が　ふりますか。」

B「ええ、ふりますよ。でも　きょねんは　あまり（　　　　）。」

1　ふりません　　　　2　ふりませんでした

3　ふりました　　　　4　ふります

19 田中「その　くつ、いいですね。どこで かいましたか。」

山田「いえ、これは　妹に（　　　　）。」

1　もらいます　　　　2　もらいました

3　もらいません　　　　4　もらいませんでした

20 キム「どようびに、私の　家で　田中さんと　べんきょうを　します。

　　イさんも（　　　　）。」

イ「あ、行きたいです。」

1　来ますか　　2　来ていますか

3　来ませんか　　4　来ていましたか

유형2 문장 완성

보기 1, 2, 3, 4 를 이용해 순서를 재구성하여 문장을 완성한 후 ★에 해당되는 보기를 답하는 문제로, '★(별표)' 문제라고도 불립니다.

もんだい2　★に　入る　ものは　どれですか。1・2・3・4から　いちばん　いい　ものを　一つ　えらんで　ください。

21 A「すみません。ロッテ　デパートは　どこですか。」

B「ええと、この　道を　____　★　____　____　と

　ありますよ。」

1　まがる　　2　左に　　3　まっすぐ　　4　行って

22 キムさんは　____　____　★　____　です。

1　高くて　　2　が　　3　背　　4　ハンサム

23 先週　____　★　____　____　は　本当に　おいしかったです。

1　韓国　　2　料理　　3　の　　4　食べた

N5

24 えきの ＿＿＿ ＿★＿ ＿＿＿ ＿＿＿ で ビールを 買(か)いました。

1 に　　2 ある　　3 コンビニ　　4 近く

25 この ＿＿＿ ＿＿＿ ＿＿＿ ＿★＿ ですが、 とても おいしいです。

1 ちょっと　　2 店(みせ)　　3 は　　4 高(たか)い

26 A「田中(たなか)さんは？」
B「となりの へやで ＿★＿ ＿＿＿ ＿＿＿ ＿＿＿ して います。」

1 日本語(にほんご)　　2 べんきょう　　3 を　　4 の

27 A「 ＿＿＿ ＿★＿ ＿＿＿ ＿＿＿ か。」
B「キムと もうします。」

1 お名前(なまえ)　　2 は　　3 です　　4 なん

28 佐藤(さとう)「田中(たなか)さんは どんな タイプの 人(ひと)が 好(す)きですか。」
田中(たなか)「私(わたし)は ＿＿＿ ＿＿＿ ＿＿＿ ＿★＿ 好(す)きです。」

1 やさしくて　　2 人(ひと)　　3 が　　4 おもしろい

29 キム「私(わたし)は この 本(ほん)を 買(か)います。イさんは どんな 本(ほん)が いいですか。」
イ「私(わたし)は 漢字(かんじ)が ＿★＿ ＿＿＿ ＿＿＿ ＿＿＿ いいです。」

1 少(すく)なくて　　2 本(ほん)　　3 が　　4 やさしい

30 A「この おかし 食(た)べて みますか。」
B「すみません。私(わたし)は ＿＿＿ ＿★＿ ＿＿＿ ＿＿＿ 好(す)きじゃありません。」

1 あまい　　2 もの　　3 あまり　　4 は

유형3 문맥 이해

글의 흐름이 자연스러워지도록 네모에 들어갈 적합한 어휘를 고릅니다.
문장과 문장을 연결하는 접속사를 고르는 문제가 반드시 출제됩니다.

もんだい3　31 から 35 に 何を 入れますか。ぶんしょうの いみを かんがえて、1・2・3・4から いちばん いい ものを 一つ えらんで ください。

ユナさんと タケシさんは「私の 好きな 食べ物」の さくぶんを 書いて、クラスの みんなの 前で 読みました。

（1）ユナさんの さくぶん

> 私の 好きな 食べ物は くだもの（ 31 ）。とくに 好きな くだものは いちごです。私の 国では たくさんの いちごを 食べる ことが できます。（ 32 ）日本では いちごが とても 高いです。日本で 好きな くだものは りんごです。毎日 食べます。
>
> みなさんは 何の くだものが 好きですか。好きな くだものを（ 33 ）。

(2) タケシさんの さくぶん

> 私の 好きな 食べ物は カレーです。母が 作る カレーには やさいが たくさん 入って いて、（ 34 ）おいしいです。たまに 私も カレーを 作りますが、その ときは きのこを 入れます。
>
> 母の カレー（ 35 ）おいしいですが、私の カレーも けっこう おいしいです。

N5

31

1 ます　　2 です　　3 ない　　4 ありません

32

1 でも　　2 だから　　3 では　　4 ちょっと

33

1 教(おし)えてください　　2 教(おし)えたいです

3 教(おし)えます　　4 教(おし)えて います。

34

1 いつも　　2 とても　　3 すこし　　4 まだ

35

1 も　　2 が　　3 へ　　4 と

N4

● 정답은 표지 날개에 있는 QR코드로 확인해주세요!

유형1 형식 판단

가장 기본적인 유형으로, 괄호에 들어갈 알맞은 문법을 보기에서 고르는 문제입니다.
문장에 알맞은 조사를 넣거나 동사나 형용사의 활용 형태를 묻는 경우가 많습니다.

もんだい１　（　　　　）に 何を 入れますか。 1・ 2・ 3・ 4から いちばん いい ものを 一つ えらんで ください。

1 アルバイトの　休みは　週に　１かい（　　　　）です。

1　しか　　2　は　　3　だけ　　4　も

2 その　レストランは　駅から　歩いて　5分（　　　　）行けます。

1　だけ　　2　も　　3　で　　4　しか

3 先生「今日は　どうして　遅れたんですか。」
学生「しんごうの　トラブル（　　　　）、電車が　遅れたんです。」

1　が　　2　は　　3　を　　4　で

4 明日　8時の　飛行機に　乗るので、早く（　　　　）なりません。

1　起きない　　2　起きなければ　　3　起きなくて　　4　起きれば

5 この　薬は　にがくないので、飲み（　　　　）です。

1　やすい　　2　にくい　　3　たかい　　4　ひくい

N4

6 子どもの　ときから　にっきを（　　　）つづけています。

1　書いて　2　書いた　3　書く　4　書き

7 毎朝　ご飯を（　　　）から、コーヒーを　飲みます。

1　食べた　2　食べて　3　食べる　4　食べない

8 旅行の　前に　ガイドブックを　買って（　　　）。

1　おきます　2　ねます　3　あります　4　います

9 ここに　お金を（　　　）ボタンを　おすと、コーヒーが　出て　きます。

1　入れて　2　入れたら　3　入れる　4　入れない

10 テストの　とき　消しゴムを　わすれて、田中さんに　かして（　　　）。

1　くれました　2　もらいました　3　あげました　4　ください

11 サッカーの　試合を　見に　行って、（　　　）と　大きい　声を　出した。

1　がんばれ　2　がんばる　3　がんばった　4　がんばっている

12 しょうらい　自分の　会社を（　　　）と　思って　います。

1　作ろう　2　作った　3　作る　4　作って

13 けさは　台風（　　　）電車が　1時間も　遅れました。

1　のため　2　から　3　ので　4　のに

14 いつも　いっしょですから、あの　二人は（　　　　）かもしれません。

1　こいびとの　　2　こいびとだ　　3　こいびと　　4　こいびとな

15 ニュースに　よると　来週　大きい　台風が（　　　　）そうです。

1　来る　　2　来　　3　来て いる　　4　来た

16 今度の　日よう日は　出かけます。友だちの　結婚式が（　　　　）んです。

1　ある　　2　あって　　3　あった　　4　あり

17 学生「先生、今日は　遅れて　どうも　すみませんでした。」
先生「明日から　遅れない（　　　　）して　くださいね。」

1　ように　　2　ような　　3　ことに　　4　ことを

18 母「ゲームを　する　前に、しゅくだいを（　　　　）なさい。」
子ども「言われなくても、わかってるよ。」

1　やり　　2　やら　　3　やる　　4　やれ

19 A「よかったら、いっしょに　コーヒーでも　飲みに　行きませんか。」
B「すみません。さっき（　　　　）なんです。」

1　飲むつもり　　2　飲んだばかり

3　飲むばかり　　4　飲んでばかり

20 キム「イさん、明日か　あさって、カラオケに　行かない？」
イ「あ、いいね。明日は　都合が　わるいけど、あさって（　　　　）だいじょうぶだよ。」

1　なら　　2　でも　　3　だから　　4　なのに

N4

유형2 문장 완성

보기 1, 2, 3, 4 를 이용해 순서를 재구성하여 문장을 완성한 후 ★에 해당되는 보기를 답하는 문제로, '★(별표)' 문제라고도 불립니다.

もんだい２　★に 入(はい)る ものは どれですか。１・２・３・４から いちばん いい ものを 一(ひと)つ えらんで ください。

21 きのうの 夜(よる) 家(いえ)に 帰(かえ)ってから けいたいを ＿＿＿ ＿＿＿ ＿＿＿ ＿★＿ 覚(おぼ)えて いません。

1 置(お)いた　　2 どこ　　3 に　　4 か

22 キム「イさん、ソウルの 大学(だいがく)に 行(い)くことを、もう ご両親(りょうしん)に 話しましたか。」

イ「いいえ、でも、もし 両親(りょうしん)に ＿＿＿ ＿★＿ ＿＿＿ ＿＿＿ つもりです。」

1 勉強(べんきょう)する　　2 反対(はんたい)　　3 ソウルで　　4 されても

23 田中(たなか)さんは ＿＿＿ ＿★＿ ＿＿＿ ＿＿＿ です。

1 歌(うた)も　　2 上手　　3 ギターも　　4 ひけるし

24 山田(やまだ)さんは 私(わたし)に ＿＿＿ ＿★＿ ＿＿＿ ＿＿＿ の 写真(しゃしん)を くれました。

1 山(やま)　　2 で　　3 花(はな)　　4 とった

25 朝は　早く　起きろと　言われるので、

早く　＿＿＿　＿★＿　＿＿＿　＿＿＿　ですが、なかなか　起きられません。

1　の　　2　起きよう　　3　と　　4　思う

26 忙しい　＿＿＿　＿＿＿　＿＿＿　＿★＿　と、たいへん　困ります。

1　休まれる　　2　とき　　3　秘書　　4　に

27 小学校の　友だちに　久しぶりに　会った。

子どもの　時　＿＿＿　＿★＿　＿＿＿　＿＿＿　が　した。

1　気　　2　に　　3　もどった　　4　ような

28 彼は　もう　一度　日本に　＿＿＿　＿＿＿　＿★＿　＿＿＿　から、

来年　また　来るかもしれない。

1　言って　　2　いた　　3　来たい　　4　と

29 私は　＿＿＿　＿＿＿　＿＿＿　＿★＿、あまり　甘くない　ケーキが

好きです。

1　の　　2　たとえば　　3　チーズケーキ　　4　ような

30 A「明日の　夜、うちへ　来ませんか。日本料理を　ごちそうしますよ。」

B「＿＿＿　＿＿＿　＿★＿　＿＿＿　んですか。ありがとうございます。」

1　に　　2　ほんとう　　3　うかがっても　　4　いい

N4

유형3 문맥 이해

글의 흐름이 자연스러워지도록 네모에 들어갈 적합한 어휘를 고릅니다.
문장과 문장을 연결하는 접속사를 고르는 문제가 반드시 출제됩니다.

もんだい３　31 から 35 に 何を 入れますか。文章の 意味を 考えて、
1・2・3・4から いちばん いい ものを 一つ えらんで ください。

下の 文章は、留学生の 作文です。

旅行

キム　スヨン

私の　しゅみは　旅行です。毎年、友だちと　一緒に　いろいろな　場所に　行きます。旅行を　計画するのは　とても　楽しいです。とくに、れきしてきな　場所や　自然が　美しい　ところが　好きです。

去年の　夏、京都に（ 31 ）。そこで　有名な　寺や　神社を　おとずれました。とても　きれいでしたし、日本の　文化を　学ぶ　ことが　できました。（ 32 ）、友だちと　一緒に おいしい　料理も　食べました。

つぎの　旅行は　沖縄に　行く（ 33 ）です。沖縄の　海は　とても　きれいだと　聞きました。泳いだり、じもとの　食べ物を　楽しんだり　したいです。旅行の　思い出は　私（ 34 ）大切な　たからものです。

旅行を　する　ことで、新しい　経験や　友だち（ 35 ）増えます。これからも　たくさんの　場所を　おとずれたいと　思って　います。

31

1　行きます　　2　行っています　　3　行きません　　4　行きました

32

1　そして　　2　それで　　3　でも　　4　だから

33

1　おかげ　　2　せい　　3　予定　　4　あいだ

34

1　について　　2　にとって　　3　によって　　4　につれて

35

1　が　　2　を　　3　と　　4　や

N3

● 정답은 표지 날개에 있는 QR코드로 확인해주세요!

유형1 형식 판단

가장 기본적인 유형으로, 괄호에 들어갈 알맞은 문법을 보기에서 고르는 문제입니다.
문장에 알맞은 조사를 넣거나 동사나 형용사의 활용 형태를 묻는 경우가 많습니다.

問題 1　つぎの文の（　　）に入れるのに最もよいものを、1・2・3・4から一つえらびなさい。

1 私はまだ日本の文化（　　）よくわかりませんので、教えていただけませんか。

1　について　　2　にとって　　3　に対(たい)して　　4　にわたって

2 ホテルは値段(ねだん)が高ければ高い（　　）、サービスや部屋の質(しつ)もよくなるものだ。

1　ほど　　2　ほう　　3　くらい　　4　だけ

3 私は行きたくないが、来月から海外(かいがい)に出張(しゅっちょう)する（　　）。

1　ことにした　　2　ようにした　　3　ことになった　　4　ようになった

4 月曜日（　　）出(だ)さなければならないレポートがあり、家族旅行は行けません。

1　まで　　2　までに　　3　までも　　4　までで

5 ときどき、エアコンを（　　）出かけてしまう。

1　つけるまま　　2　つけたまま　　3　つけないまま　　4　つけまま

6 今日は仕事が休みなので、早く（　　）。

1　起きることができる　　2　起きたほうがいい

3　起きなくてもいい　　4　起きるはずだ

7 田中さんは会議に遅れて、部長に注意（　　　）。

1　されました　　2　しました　　3　させました　　4　していました

8 姉がけがをしたので、明日のアルバイトは（　　　）ください。

1　休んで　　2　休ませて　　3　休まれて　　4　休めて

9 コンビニはこの道を右に曲がる（　　　）あります。

1　なら　　2　と　　3　たら　　4　ば

10 症状がうそ（　　　）よくなりました。

1　そうに　　2　ように　　3　みたいに　　4　らしい

11 一度やると言ったのだから、やめる（　　　）。

1　わけだ　　2　わけではない

3　わけにはいかない　　4　わけがない

12 彼が手伝ってくれた（　　　）、仕事が早く終わった。

1　のに　　2　せいで　　3　おかげで　　4　ばかり

13 A「今度のさよならパーティーで、みんなで歌う曲は、これでいいですか。」
B「すみません。この曲は好きなんですが、少し難しいですからほかのにし（　　　）。」

1　てほしいです　　2　てしまいます

3　てみます　　4　ておきます

N3

14 キム「ねえ、田中さんのかばん、見た？ 高そうだよね。」
イ「よくわからないけど、ブランド品だから50万円（　　　）するよね。」

1　が　　2　は　　3　も　　4　を

15 学生「先生、おかげさまで 、大学に合格しました。ありがとうございました。」
先生「(　　　) よかったですね。」

1　合格できて　　2　合格されて
3　合格したのに　　4　合格したのが

16 A「昨日 送った ファックス、ご覧になりましたか。」
B「はい、(　　　)。」

1　ご覧になりました　　2　拝見しました
3　お目にかかりました　　4　伺いました

17 A「田中部長の奥さまを（　　　）か。」
B「ええ、もちろん。とてもやさしい方ですよね。」

1　ご存じです　　2　存じています
3　存じております　　4　存じます

18 (改札で)
キム「イさん、来ませんね。携帯に電話をしても出ないし、どうしますか。」
田中「これ以上待つと私たちも間に合わないから、先に(　　　)。」
キム「そうですね。行きますか。」

1　行ってもいいですか　　2　行ったほうがいいですか
3　行ってしまうでしょう　　4　行ってしまいましょうか

19 (レストランで)

客「すみません。20分ぐらい前に案内をお願いして、

しばらくここで待てって言われたから（　　　）んですけど。まだですか。」

店員「大変申し訳ありません。」

1　待っている　　2　待った　　3　待つ　　4　待たせる

20 学生「先生、日本語の勉強のために、日本のドラマが見たいんですが、

おすすめがありますか。」

先生「ドラマなら、キム先生がくわしいですよ。キム先生に（　　　）。」

1　聞いてみてどうですか　　2　聞いてみたどうですか

3　聞いてみたらどうですか　　4　聞いてみるたらどうですか

유형2 문장 완성

보기 1, 2, 3, 4 를 이용해 순서를 재구성하여 문장을 완성한 후 ★에 해당되는 보기를 답하는 문제로, '★(별표)' 문제라고도 불립니다.

問題 2　つぎの文の ＿＿★＿＿ に入る最もよいものを、1・2・3・4から一つえらびなさい。

21 (学校の受付で)

A「すみません。田中先生の携帯番号を教えてください。」

B「ごめんなさいね。

個人の携帯番号は ＿＿＿ ＿★＿ ＿＿＿ ＿＿＿ んですよ。」

1　教えては　　2　ことになって　　3　いけない　　4　いる

N3

22 (デパートの食品売り場で)

客「わぁ、このクッキー、おいしそう。」

店員「先週 ＿＿＿＿ ＿＿＿＿ ＿★＿ ＿＿＿＿。よろしかったら、お試しください。」

1　発売　　2　ばかり　　3　された　　4　なんです

23 万が一のために、防災用の ＿＿＿＿ ＿★＿ ＿＿＿＿ ＿＿＿＿。

1　バッグ　　2　を　　3　おこう　　4　買って

24 A「チェジュド旅行はどうだった？」

B「海が青くて、料理もおいしくて、最高だったよ。」

A「いいなあ、私も ＿＿＿＿ ＿＿＿＿ ＿＿＿＿ ＿★＿ なあ。」

1　いつか　　2　一度　　3　みたい　　4　行って

25 学生「先生、ご相談したいことがあるのですが、授業の後、

先生の研究室 ＿＿＿＿ ＿★＿ ＿＿＿＿ ＿＿＿＿。」

先生「はい、いいですよ。」

1　うかがっても　　2　でしょうか　　3　よろしい　　4　に

유형3 문맥 이해

글의 흐름이 자연스러워지도록 [네모]에 들어갈 적합한 어휘를 고릅니다.
문장과 문장을 연결하는 접속사를 고르는 문제가 반드시 출제됩니다.

問題 3　次の文章を読んで、文章全体の内容を考えて、[26] から [30] の中に入る最もよいものを、1・2・3・4から一つえらびなさい。

下の文章は、留学生が書いた作文です。

日本の食文化

ハ　チミン

日本に来て、多くの人が日本の食べ物（ 26 ）話していることに気が付きました。友達は「日本の食べ物はおいしい」と言います。特に寿司やラーメンは人気がありますが、私の国ではあまり食べないので、最初は戸惑いました。ある日、友達と一緒に日本の伝統料理を楽しむ（ 27 ）、地元のレストランに行きました。そこで、店員さんから「この料理はおすすめです」と（ 28 ）。食べてみると、意外とおいしくて、思わず「おいしい！」と言ってしまいました。

さらに、私たちは季節ごとの食材を使った料理も楽しみました。特に春には山菜を使った料理が多く、夏には冷たい麺が人気です。友達は「日本の食文化はたくさんあって、他の国と比べてとても多様だ」と言っていました。私もその意見に賛成です。毎回新しい料理を試すのが楽しくて、食べることが（ 29 ）。

N3

（ 30 ）、日本の食文化には礼儀が大切だということを学びました。食事の前には「いただきます」と言い、食後には「ごちそうさまでした」と言います。このような習慣は、食事に対する感謝の気持ちを表していると思います。日本の食文化はもちろん、他の国と比べてもとてもユニークだと思います。

26

1　について　　2　として　　3　に対して　　4　につれて

27

1　ために　　2　から　　3　ので　　4　だから

28

1　勧めました　　2　勧められました

3　勧めさせました　　4　勧めさせられました

29

1　大好きとなりました　　2　大好きにしました

3　大好きがなりました　　4　大好きになりました

30

1　また　　2　それで　　3　しかし　　4　たとえば